„Neapel, die Amalfiküste, Capri und Ischia sind wahre Sehnsuchtsziele."

*Der Fotograf **Rainer Kie-drowski** aus Ratingen hat mit Engagement schon für viele Bildatlanten fotogra-fiert. Der Golf von Neapel ist eines seiner persönlichen Lieblingsziele.*

*Der Reisejournalist **Christian Nowak** lebt in Berlin. Nach unzähligen Reisen durch Nordeuropa hat er das italienische Leben in Kampanien sehr genossen.*

Liebe Leserinnen, liebe Leser!

Golf von Neapel – für viele ist das der Inbegriff von Italien. Neapel, die Amalfiküste, Capri und Ischia sind wahre Sehnsuchtsziele, bei denen allein schon die Nennung des Namens ein Wohlgefühl auslöst. Und den Vesuv möchte wohl jeder einmal erklimmen.

Neapel – Stadt der Lebenskünstler

Einfallstor zu den grandiosen Naturschätzen ist Neapel. Zugegeben: Neapel ist laut und hektisch und immer nah dran am Verkehrskollaps. Andererseits hat die Metropole am Golf viel zu bieten: 2500 Jahre abwechslungsreiche Geschichte, eine Menge gut erhaltener Kulturdenkmäler und nicht zuletzt ein zum UNESCO-Weltkulturerbe gehörendes Centro storico. Baudenkmäler aus spätem Mittelalter, Renaissance und Barock machen die Altstadt zu einem großen Freilichtmuseum. Eine mindestens ebenso große Attraktion sind die Neapolitaner selbst – immer temperamentvoll, liebenswürdig und aufgeschlossen. Sollten Sie dann doch etwas Ruhe brauchen: Der Aktiv-Tipp von Christian Nowak auf Seite 37 entführt Sie in das „andere Neapel".

Abgeschiedene Dörfer im Hinterland

Wenn Sie nach Besichtigung der Highlights am Golf von Neapel noch etwas Zeit erübrigen können, kann ich Ihnen nur raten, gleich weiterzufahren, in Kampaniens Süden. Hier ist Italien noch so, wie man es sich wünscht: eine Küste mit weißen Stränden, stille Buchten, charmante Badeorte und abgeschiedene Dörfer im grünen Hinterland. Nur wenige Touristen gehen hier auf Entdeckungstour. Eine herrliche Unterkunft in dieser Region, den Agriturismo-Betrieb „Il Mulino", stellt Ihnen Christian Nowak ab Seite 108 vor. Luisa und Giuseppe lassen ihre Gäste an ihrem Traum vom Landleben gern teilhaben. Und die Küche ist wirklich vorzüglich …
Herzlich

Ihre

Birgit Barows(.

Birgit Borowski
Programmleiterin DuMont Bildatlas

113 Die Tempel des um 650 v. Chr. gegründeten Paestum sind imposante Zeugnisse griechischer Kultur auf der Apenninenhalbinsel.

Impressionen

. . . .

Neapel

. . . .

Am Vesuv

56 An der Ostküste von Capri bietet der Arco Naturale einen herrlichen Durchblick.

. . . .

DuMont
Aktiv

Genießen   Erleben   Erfahren

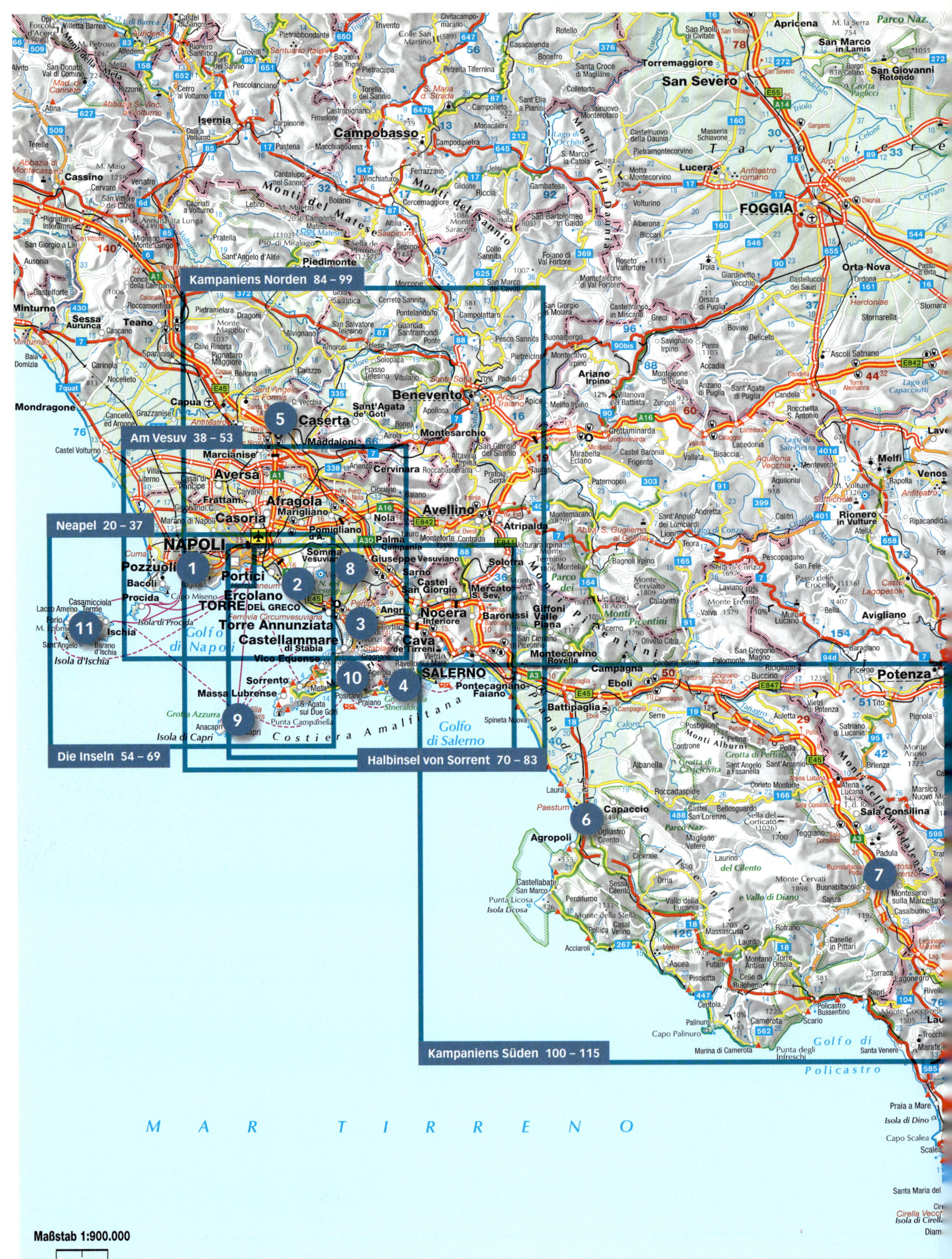

Topziele

Die bedeutendsten Sehenswürdigkeiten Kampaniens sowie Erlebnisse, die Sie keinesfalls versäumen dürfen, haben wir auf dieser Seite für Sie zusammengestellt. Auf den Infoseiten ist das jeweilige Highlight als TOPZIEL *gekennzeichnet.*

KULTUR

1 Archäologisches Nationalmuseum, Neapel: Eine einzigartige Sammlung antiker Kunst aus 13 Jahrhunderten. **Seite 36**

2 Herculaneum: Unter der steinharten Vulkanschlammschicht blieb erstaunlich viel erhalten. **Seite 51**

3 Pompeji: Römische Fresken und Mosaikböden in grandioser Pracht. **Seite 52**

4 Duomo San Pantaleone, Ravello: Inmitten der Stadt erwartet den Besucher hinter dem Bronzeportal des Doms eine barocke Ausstattung und ein von antiken Säulen aus Paestum getragenes Gewölbe. **Seite 82**

5 Palazzo Reale, Caserta: Auf Casertas „grüner Wiese" wollte Carlo IV di Borbone seine Vorstellungen von einer absolutistischen Musterstadt verwirklichen. **Seite 97**

6 Paestum: Am Südrand der Sele-ebene errichteten Griechen vor 2500 Jahren eine Kolonie, deren Ruinen, UNESCO-Welterbe wie Herculaneum, besichtigt werden können. **Seite 113**

7 Certosa di San Lorenzo, Padula: Bei Padula ist die wohl größte und prächtigste barocke Klosteranlage Süditaliens zu finden. Gebaut wurde daran mehr als 500 Jahre lang, bis ins 19. Jahrhundert. **Seite 115**

ERLEBEN

8 Vesuv: „Il Scartellato" nennen die Neapolitaner ihren „buckligen" Hausberg. Einer Reise in die Region fehlte etwas, wenn der Vesuv nicht zu den Zielen zählte. **Seite 51**

9 Die Blaue Grotte, Capri: Die Grotta Azzurra ist das bekannteste Ausflugsziel auf Capri. Die anderthalbstündigen Bootstouren zu der Karsthöhle starten in Marina Grande und Marina Piccola. **Seite 67**

10 Amalfitana: Vielleicht die schönste Panoramastraße der Welt. **Seite 82**

GENIESSEN

11 Spiaggia dei Maronti, Ischia: Spiaggia dei Maronti nennt sich der beliebteste Strand Ischias. Vulkanische Energie heizt ihm und dem anbrandenden Wasser ein. **Seite 68**

City Lights

Keine zehn Kilometer vom markanten Doppel-
krater des Vesuv entfernt leuchten die Lichter
der Großstadt: Neapel, für den Dichter Stendhal
(1783–1842) einst „die schönste Stadt der Welt",
war für seinen Kollegen Curzio Malaparte (1898
bis 1957) gar „keine Stadt", sondern viel mehr als
das: „eine Welt". Was die Stadt für den heutigen
Reisenden ist, wird jeder ganz prosaisch für sich
selbst herausfinden müssen. Eines, das zeigt dieses
Bild, ist Neapel in jedem Fall: vielversprechend.

Mit allen Sinnen

....

Kleiner Laden, groß(artig)es Angebot: Spezialitä-
tengeschäft Eder in der Via B. Croce. Neapels Altstadt gehört zum Welterbe der UNESCO und
mutet an vielen Stellen wie ein (stellenweise brö-
ckelndes) Freilichtmuseum an. Aber eines, in
dem mit allen Sinnen gelebt (und geliebt) wird.

Von ganz eigenem Reiz

Die bunten, malerisch an Ischias Südküste über-einandergestapelten Häuser von Sant'Angelo auf der Insel Ischia passen gut zu einem Ort, dessen Charme Anfang des 20. Jahrhunderts auch viele Künstler verführte. Heute sind die Fischerboote im Hafen mehrheitlich Tretbooten gewichen, aber der Ort hat noch immer seinen ganz eigenen Reiz.

So soll es sein ...

Zypressen am Straßenrand, hinter jeder Kurve wartet das Meer, Schäfchenwolken kräuseln das Himmelszelt, und unter dem Allerwertesten brummt gleichmäßig der Motorroller. Bella Italia als Sehnsuchtsort – vielleicht nur ein Traum, eine Erinnerung, eine Nostalgietour. Aber: Genau so, wie hier zwischen Praiano und Amalfi an der Strada Statale 163 Amalfitana, soll es sein ...

Sommer, Sonne, Strand

Am lang gestreckten Küstenstreifen zwischen der Mündung des Garigliano im Norden und dem Golf von Policastro im Süden gibt es zahlreiche Bademöglichkeiten, von denen allerdings viele nicht frei zugänglich sind. Schöne Strände findet man im Cilento (Provinz Salerno) wie hier bei Marina di Camerota. Weite Teile der Region werden im Nationalpark Cilento und Vallo di Diano geschützt, der im Jahr 1998 zum Welterbe der UNESCO erklärt wurde.

Die schönsten Aussichten

Bella Vista

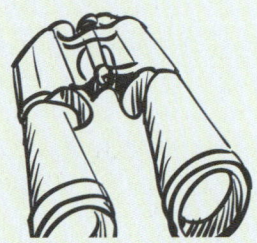

Vor allem aus der Vogelperspektive zeigt sich die Region Kampanien von ihrer schönsten Seite. Vielerorts ist im Hitzedunst schemenhaft der charakteristische Kegel des Vesuvs zu sehen, am Horizont tauchen einer Fata Morgana gleich die Inseln im Golf auf, und an der Amalfiküste überraschen die steilen, mit üppigem Grün überzogenen Hänge.

1 Posillipo

Der Hügelzug verbindet Neapel mit den Campi Flegrei. Schon seit jeher liegen hier im Westen Neapels die vornehmsten Vororte. In den Villen und Palästen am Berghang mit herrlich grünen, verwunschenen Gärten wohnen die Reichen und Schönen. Den äußersten Punkt bildet der terrassenförmig angelegte Park Virgiliano, von dem der Blick über die Stadt und den Golf bis zur Insel Ischia reicht.

Auf der Via di Posillipo fährt man anfangs aussichtsreich an der Küste entlang, erklimmt dann den rund 100 m hohen Hügel und kommt schließlich zum Park Virgiliano.

2 Vomero

Auf dem westlich des historischen Zentrums (Centro Storico) von Neapel gelegenen Stadthügel Vomero kann man Besichtigungen, Shopping und herrliche Weitblicke kombinieren. Sehenswert sind die Festung Sant'Elmo, von deren Mauern einem die Stadt zu Füßen liegt. Auch vom Klostergarten der nahen Certosa di S. Martino genießt man einen schönen Ausblick. Eine grüne Oase bildet der Park Villa Floridiana, auch aus seinem Grün bieten sich immer wieder Ausblicke auf Neapel und seine Umgebung.

Drei Standseilbahnen führen hinauf auf den Vomero. Besonders zentral liegt die Funicolare Centrale gegenüber von der Galeria Umberto I. Mit dieser fährt man bis zur Endstation.

3 Villa Comunale

Hoch über dem Meer, auf einer steil zum Meer abfallenden Tuffsteinklippe, thront spektakulär Sorrent. So eröffnen sich bei einem Stadtbummel immer wieder weite Blicke, doch nirgendwo sind sie schöner als im kleinen Park Villa Comunale. Bei guter Sicht scheint der Vesuv zum Greifen nahe. Es lohnt sich, auf der Aussichtsterrasse des Parks auf den Sonnenuntergang zu warten, denn dieser ist oft zum Malen schön.

Der Zugang zur Villa Comunale erfolgt über die Via S. Francesco, die von der zentralen Piazza Sant'Antonio abzweigt.

4 Arco Naturale

Dieser von Wind und Wellen erodierte Kalksteinbogen an der Ostküste Capris bildete einst den Eingang zu einer großen Meeresgrotte. Durch eine Landhebung vor einigen Tausend Jahren liegt er nun über dem Meeresspiegel. Auf diesem Spaziergang kann man noch ein weiteres Wahrzeichen der Insel sehen: die Faraglioni-Klippen, über 100 m hohe, erodierte Felsfinger im Meer.

Den Arco Naturale erreicht man von Capris Piazzetta ausgeschildert über die Via Matermania, einen abschüssigen Treppenweg, in rund einer halben Stunde.

⑤ Via Krupp

Der deutsche Industrielle Friedrich Alfred Krupp (1854–1902) ließ diese grandiose, kurvenreiche, als Fußweg von seinem angestammten Luxushotel Quisiana zur Marina Piccola hinunter konzipierte Serpentinenstraße an der Südküste Capris anlegen und finanzierte sie auch zum größten Teil selbst. Von den Giardini di Augusto, den ehemaligen Gärten des Augustus, genießt man nicht nur einen herrlichen Blick auf die Steilküste der Insel, sondern auch auf die knapp 1347 m lange, in acht engen Haarnadelkurven einen Höhenunterschied von rund 100 m überwindende, an der Torre Sarecena (Teil einer alten Wehranlage) vorbeiführende Straße.

Von den Giardini di Augusto kann man die Serpentinen bis zur Marina Piccola an verwegen überhängenden Felsen hinunterlaufen und dann mit dem Bus nach Capri-Stadt zurückfahren. Wegen Steinschlaggefahr war der Serpentinenweg in den letzten Jahren allerdings immer mal wieder gesperrt, auch bei schlechtem Wetter darf er nicht betreten werden.

⑥ Villa Rufolo

Auf einem Felsvorsprung hoch über dem Golf von Salerno thront das Städtchen Ravello, direkt an der Kante befindet sich die Villa Rufolo, der Wohnsitz der gleichnamigen Adelsfamilie aus dem 13. Jh. Der Blick vom Garten auf die Küste und den Golf könnte nicht schöner sein, und so ist es nicht verwunderlich, dass kaum ein Werbeprospekt der Amalfiküste ohne dieses Foto auskommt.

Ravello ist mit Bus und Auto bequem von Amalfi zu erreichen.

⑦ Corricella

Die pastellfarbenen Häuser im Dorf Corricella auf der Insel Procida stapeln sich in mehreren Stockwerken übereinander, als ob ein genialer Architekt einen Masterplan verwirklicht hätte. Doch das Städtchen ist im Laufe der Jahrhunderte gewachsen, bis auch noch das letzte Fleckchen entlang der Bucht bebaut war.

Den schönsten Blick auf Corricella genießt man vom höher gelegenen Eingang zur Terra Murata.

⑧ Montepertuso

Positano an der Amalfiküste ist ein senkrechter Ort, in dem die Häuser in allen Pastellfarben übereinander gebaut worden sind. Hier gibt es nur zwei Richtungen: auf- und abwärts. Wer Positano erkunden und auch noch die grandiosen Ausblicke vom weiter oben gelegenen Montepertuso genießen möchte, muss gut zu Fuß sein, denn der Weg besteht aus einigen Hundert Treppenstufen.

Der Treppenspaziergang von Positano nach Montepertuso dauert mindestens 45 Min., bei schwacher Kondition und Hitze schon auch mal die doppelte Zeit.

Nabel der Welt oder Chaos pur?

Neapel lässt niemanden kalt. Manche halten die Stadt für den Nabel der Welt – für andere ist sie der Inbegriff des Chaos und hoffnungslos von der Camorra durchdrungen. Fest steht, dass sie viel zu bieten hat: eine wunderschöne Lage am Golf und 2500 Jahre abwechslungsreiche Geschichte, konserviert in sehenswerten Kirchen, Palästen und Museen. Dazu eine Altstadt, die von der UNESCO als Welterbe geführt wird. Der Stadtkern strotzt vor Leben und Lebenskünstlern, ist emotional und faszinierend, aber auch voller Probleme.

Zu den Wahrzeichen der Stadt gehört der monumentale, von seinem Architekten Cosimo Fanzago nie fertiggestellte Palazzo Donn'Anna – eine der berühmtesten Palastruinen Europas.

Das mittelalterliche Castel Nuovo schmückt ein Prachtportal aus der Renaissance.

Von Neapels Molo Beverello blickt man hinüber zu den Fährschiffen an der Stazione Marittima.

Neapel zählt zu den großen Seehäfen Italiens – Blick von San Martino auf Stadt und Bucht. Im Hintergrund erhebt sich die markante Silhouette des Vulkanbergs Vesuv.

Vor der Überfahrt: Fährschiffe an der Stazione Marittima warten auf ihre nächste maritime Fahrt.

„Dass kein Neapolitaner von seiner Stadt weichen will, dass ihre Dichter von der Glückseligkeit der hiesigen Lage in gewaltigen Hyperbeln singen, ist ihnen nicht zu verdenken …"

Johann Wolfgang von Goethe

Die Fahrt vom Flughafen Capodichino mit dem Bus oder Taxi ins Zentrum dürfte eigentlich nicht länger als fünf Minuten dauern. Leider sind in Neapel die Straßen zu jeder Tageszeit verstopft. Regeln scheint es nicht zu geben. Ampeln, Fahrspuren, Einbahnstraßen, Vorfahrtsregeln – solcherlei Bevormundungen braucht hier niemand, die würden den Verkehr nur völlig zum Erliegen bringen. In Neapel wird nach Gefühl gefahren, hier darf man nicht auf sein Recht pochen, aber auch keine Angst um sein Auto haben. Einen Disput um einen Kratzer an der Stoßstange zu führen oder die Polizei zur Klärung der Schuldfrage zu holen, wäre für jeden Neapolitaner die reinste Zeitverschwendung. Eigentlich völlig logisch, denn in der ganzen Stadt gibt es wohl kein einziges Auto, das nicht mindestens ein Dutzend Narben vom alltäglichen Verkehrswahnsinn davongetragen hätte.

Je näher, desto besser lautet die Devise der ungezählten Motorrollerfahrer. In aberwitzigem Tempo kurven sie zwischen Autos und Bussen hindurch, reagieren in Millisekunden akrobatisch auf jede Lücke, wirken dabei elegant und lässig bis in die Zehenspitzen. Keine Fußgängerzone ist für sie tabu, auch hier zeigen sie ihre Kunststücke. Warum auch nicht? Was macht es denn schon für einen Unterschied, ob man nun Autos oder Fußgänger millimetergenau umkurvt? Schon bei dieser ersten Begegnung mit der kampanischen Hauptstadt wird klar: Neapel ist unvergleichbar!

Bezaubernd aus der Ferne

Viel sanfter vollzieht sich ein Neapeleinstieg vom Wasser aus. Denn bei der Ankunft mit einer der Fähren zeigt die Stadt dem Besucher ihre Schokoladenseite. Zur Linken ist schon aus der Ferne eine der Keimzellen der Stadt zu sehen, das auf einem weit vorspringenden Felsen thronende Castel dell'Ovo, das Eierkastell aus gelblichem Tuffstein. Dann rückt das Postkartenpanorama der Stadt immer näher. Wie Sitzreihen eines Amphitheaters ziehen sich die Häuser die Hänge der Bucht empor, dicht gedrängte Häuserfronten lassen die Enge der Stadt erahnen, doch als Entschädigung bietet so manches Fenster einen grandiosen Meerblick. Hoch oben am Hang wacht auf dem Vomero-Hügel seit dem Mittelalter das trutzige Castel Sant'Elmo über die Stadt.

Nun halten die Schiffe genau auf das von der Seeseite uneinnehmbar scheinende Castel Nuovo zu. Als Burg der Anjou im 13. Jahrhundert erbaut, diente es als Seefestung und Residenz. Wer genau hinschaut, findet hinter der Burg im Ge-

Mit seinen vielen Kirchen hat Neapel den Blick immer auch zum Himmel gerichtet: hier die Fassade von San Paolo Maggiore.

„Helm? Ich?" – Zweiradkünstler im alltäglichen Straßenbild von Neapel.

wirr der Häuser die Glaskuppel der pracht-vollen Galleria Umberto I, und nicht weit davon entfernt schimmert die imposante weiße Kuppel der Basilika San Francesco di Paola. Beim Blick nach rechts sind Nea-pels Anstrengungen auszumachen, eine moderne Stadt zu werden. Inmitten des uralten urbanen Durcheinanders ragen die Hochhäuser des neuen Büro- und Ver-waltungszentrums auf wie eine Fata Mor-gana. Hat das Schiff schließlich an der Molo Beverello angelegt, ist es schlagartig vorbei mit der Beschaulichkeit, dann for-dert der an Wahnsinn grenzende Autover-kehr sofort die ganze Aufmerksamkeit.

Die Stadtpatronin

Es gab Zeiten, da war auch der Wasser-weg unberechenbar. Odysseus wusste von den Gefahren, die ihn vor der kampani-schen Küste erwarteten, deshalb ließ er sich am Mast seines Schiffes festbinden und erlag so nicht dem lockenden Ge-sang der Sirenen. Eine von ihnen, Parthe-nope, grämte sich so sehr darüber, dass sie sich ins Wasser stürzte und ertrank. Ihr Leichnam wurde in der Bucht am Fuße des Vesuvs angeschwemmt, dort, wo heute das Castel dell'Ovo steht. Zu Ehren der Sirene soll ein Grabmal errich-tet worden sein, von dem allerdings nie eine Spur gefunden wurde. An diesem sagenhaften Ort gründeten wahrschein-lich im 7. Jahrhundert v. Chr. Griechen die Stadt „Palaepolis". 200 Jahre später ent-stand dann die Neustadt „Neapolis", auf die der Name Neapel zurückgeht.

In den folgenden 2500 Jahren wech-selten sich die Fremdherrscher in schö-ner Regelmäßigkeit ab. Auf Normannen und Staufer, Anjou und Aragonesen folg-ten spanische Bourbonen, die zur Zeit Napoleons kurz von Franzosen abgelöst wurden, um erneut diversen Bourbonen-herrschern Platz zu machen, bevor 1861 die Savoyer an der Reihe waren. Diese einten Italien, doch legten sie auch den Grundstein für den bis heute nicht gelös-ten Nord-Süd-Konflikt, in dem sie unter anderem den Kleinbauern die erhoffte Unterstützung versagten und den Süden

Eleganter geht es kaum: Für den Bau der Galleria Umberto I., nur unwesentlich kleiner als die Mailänder Galleria Vittorio Emanuele, wurde ein ganzes Stadtviertel geplant.

Für ihren Majolikaschmuck bekannt sind Kreuzgang
und Garten von Santa Chiara (ganz oben), wo man
Kontakt sucht zum Höchsten. In Neapel kennt man
aber auch eine Unterwelt: Ausgrabungen eines
römischen Marktes unter San Lorenzo Maggiore
(oben). Rechts: kühle Repräsentation im monumen-
talen Palazzo Reale

Klassizistisch mit Kuppel: San Francesco di Paola.

Gotik und Barock verbinden sich prachtvoll in San Domenico Maggiore.

Special

Weihnachten in Neapel

Abbild des Alltagslebens: neapolitanische Krippenfiguren

Plätschernde Brunnen und Häuser mit blinkenden Lichtern inmitten einer bemoosten Berglandschaft bilden die Kulisse, in der Maria, Josef und das Jesuskind beileibe nicht die Hauptrolle spielen. Neapolitanische Krippen sind anders.

Die „Presepe Napoletano" wird traditionell am 8. Dezember aufgestellt, doch erst am 24. Dezember liegt das Jesuskind in der Wiege. Eine neapolitanische Krippe wirkt eher wie eine liebe-voll eingerichtete Puppenstube. Ab November herrscht in der Straße der Krippenbauer in Neapels Altstadt, der Via San Gregorio Armeno, Hochbetrieb. Jede neapolitanische Familie besitzt eine nach ihren Vorstellungen dekorierte Krippe, die jedes Jahr um ein paar Figuren ergänzt wird.

Die wohl größte Krippe besteht aus mehreren hundert Figuren und ist im Nationalmuseum von San Martino zu bewundern.

durch den inneritalienischen Freihandel in eine nicht zu bewältigende Konkurrenzsituation brachten. Der Norden des Stiefels erlebte fortan einen wirtschaftlichen Aufschwung, während der Süden verelendete. Seitdem mussten sich die Neapolitaner gegen allerlei Katastrophen und Wirren, gegen Anarchie und Epidemien stemmen, was nur durch tagtägliche Improvisation gelang – eine Fähigkeit, die sie sich bis heute bewahrt haben.

Immer wieder San Gennaro

Wenn die Mühen des Alltags zu groß wurden, suchten die Neapolitaner Trost bei ihrem Schutzheiligen San Gennaro. Zweimal im Jahr, im Mai und September, hat er traditionsgemäß seinen großen Auftritt. Genau genommen handelt es sich nur um zwei Ampullen, die angeblich das geronnene Blut des im Jahr 305 als Märtyrer gestorbenen Bischofs Januarius von Benevent enthalten. Zweimal im Jahr verflüssigt sich dieses geronnene Blut – wenn nicht, droht der Stadt Unheil. Wer dabei an Aberglauben denkt, sei an das Jahr 1980 erinnert, als das Blutwunder ausblieb und Kampanien prompt von einem schweren Erdbeben verwüstet wurde ...

Damit sich dieses Wunder immer wieder pünktlich ereignet, müssen bei einer Prozession Heiligenfiguren durch die Alt-

„Nun Neapel … Die Stadt scheint in fortdauernder Revolution; nichts bleibt, alles fließt, strömt von Lebensflut."

Ferdinand Gregorovius

Die begehrten und feudalen Wohngebiete sind im Westen Neapels zu finden – hier auf der Isola Nisida nahe Pozzuoli.

Barocke Pracht zeigt sich nicht nur im Kreuzgang, sondern auch sonst überall im Kloster San Gregorio Armeno.

Gemüsegeschäft in der Altstadt: Eingezwängt zwischen Vomero-Hügel und Meer, litt Neapel schon im Mittelalter unter qualvoller Enge.

stadt getragen, muss vom Kardinal vor politischen und kirchlichen Würdenträgern eine Messe gelesen werden. Die Nachfahren von San Gennaro – meist weiblich – müssen anfangs inbrünstig, später ekstatisch eine Reihe von Gebeten sprechen, und schließlich schüttelt der Kardinal die Ampullen, bis es dann – fast immer – endlich geschieht. Wissenschaftler, die schon von Berufs wegen nicht im Verdacht der Wundergläubigkeit stehen, vertreten allerdings die Meinung, dass in den Ampullen kein Blut, sondern ein thixotropes Gel ist, welches durch Schütteln flüssig wird. Schon Alchimisten im Mittelalter konnten solche Substanzen herstellen.

Der Bauch von Neapel

Prächtige Feudalbauten traut man Neapel eigentlich nicht zu, doch es gibt sie: an der Piazza Trieste e Trento den Palazzo Reale, eine vor rund 400 Jahren begonnene Königsresidenz, das Theater San Carlo, einst das größte Opernhaus Europas, die Galleria Umberto I, kaum weniger imposant als ihr bekannteres Mailänder Vorbild, und natürlich die opulent ausgeschmückten Kirchen. Der Kontrast zu den mehrstöckigen Mietshäusern der Altstadt könnte kaum größer sein. Neapel, eingezwängt zwischen Vomero-Hügel und Meer, litt schon im Mittelalter unter qualvoller Enge und wuchs zur am dichtesten besiedelten Großstadt Europas mit den wenigsten Grünflächen. Ein Problem, das bis heute nicht gelöst ist. Wer Neapel verstehen und einen Blick ins Herz der Stadt werfen will, muss in den „Spaccanapoli" eintauchen und sich durch das Gewimmel und Gezeter des „Neapelspalters" treiben lassen. Rund anderthalb Kilometer führt die schnurgerade Straßenschlucht vom Castel Capuano im Osten bis zum Vomero-Hügel im Westen. Jeder in der Stadt kennt den „Spaccanapoli", doch auf dem Stadtplan taucht er nirgends auf. Denn er tarnt sich mit einem halben Dutzend anderer Straßennamen: Via Forcella, Via Vicaria Vecchia, Via San Biagio dei Librai, Piazzetta Nilo, Via Be-

Bei aller barocken Pracht – das Bewusstsein für die Endlichkeit des Lebens ...

Herkules Farnese und Artemide Efesia im Archäologischen Nationalmuseum. Der antike Halbgott macht gerade ein Päuschen und stützt sich mit seiner Keule auf einen Felsen, Artemis erscheint im Gewand einer vielbrüstigen, Leben spendenden Fruchtbarkeitsgöttin.

... wird überall dokumentiert: San Martino.

nedetto Croce und Via Pasquale Scura. Entlang dem „Spaccanapoli" und in seinen noch engeren Nebengassen sind die Sorgen der einfachen Leute allgegenwärtig. In den vollgestopften kleinen Läden herrscht fast rund um die Uhr Geschäftigkeit, darüber spannen sich die Wäscheleinen von einer Straßenseite zur anderen. Ganze Familien leben in „Bassi"– Einzimmerwohnungen zu ebener Erde, in die nur durch die Tür etwas Licht fällt. So wird der Bummel durch die Gassen ein Abenteuer für alle Sinne, ein Eintauchen in den Bauch einer Stadt, die viel von der Geschäftstüchtigkeit Hongkongs und dem unentwirrbaren Chaos von Delhi besitzt, doch immer einzigartig ist.

Von Vulkanen geprägt

Die Phlegräischen Felder erstrecken sich westlich von Neapel über mehr als 150 Quadratkilometer und bestehen aus 40 Einzelvulkanen. Vor rund 39 000 Jahren modellierte einer der gewaltigsten Vulkanausbrüche, die die Erde je gesehen hat, das pockennarbige Gesicht dieser faszinierenden Landschaft. Heute ist nur noch an wenigen Stellen aktiver Vulkanismus zu beobachten, am eindrucksvollsten im Vulkankrater Solfatara bei Pozzuoli. Auf dem schneeweißen Grund des Kraters zeigt der Feuergott Hephaistos einige Kunststücke, lässt heiße Schlammlöcher brodeln und verpestet mit schwefligen Rauchfahnen die Luft. Schon den

Menschen der Antike war diese Gegend nicht geheuer, kein Wunder also, dass im Lauf der Zeit viele Mythen und Legenden entstanden. So sollte der Lago Averno das Tor zur Unterwelt sein und die Sibylle von Kyme in einer dunklen Grotte ihre orakelhaften Weisheiten verkünden.

Die grüne hügelige Landschaft und die vom Vulkanismus geprägte Küste ließen aber auch berühmte Städte wie Bagnoli, Pozzuoli, Baia und Miseno aufblühen. Römische Imperatoren liebten diese Gegend und schufen sich hier mit allem erdenklichen Luxus ausgestattete Sommerresidenzen, von denen heute allerdings kaum noch etwas zu sehen oder auch nur zu erahnen ist.

PIZZA NAPOLETANA

Hefeteig in Bestform

Nirgendwo sonst hat sich das einstige Arme-Leute-Gericht zu solch einem perfekten Gaumenschmaus gemausert. Erstaunlicherweise erreichte man das aber nicht durch das Hinzufügen immer neuerer und üppigerer Beläge. Ganz im Gegenteil: In Neapel beschränken sich viele Lokale auf die spartanische Urform der Pizza.

S chinken, Spargel, Würstchen, Rauke, Ananas, Thunfisch – es gibt kaum etwas, das nicht irgendwo auf der Welt auf den Hefeteigboden gehäuft wird. Nicht so in Neapel. Hier genügen oft Tomaten, Mozzarella und ein einsames Basilikumblatt für höchste kulinarische Vollendung. Das liegt hauptsächlich an den „Pizzaioli", den Pizzabäckern, die mit feinem Gespür das Zusammenspiel von Teig und Belag beherrschen. Damit auch in Zukunft die Pizza absolut authentisch bleibt, wurde im Jahr 1984 die „Associazione vera pizza napoletana" gegründet.

Das Geheimnis einer guten Pizza

Auch wenn die Neapolitaner, sogar mit einigem Recht, behaupten, die besten Pizzen der Welt zu backen – der runde Fladen wurde nicht am Golf von Neapel erfunden. Bekannt ist, dass im Süden die Griechen und weiter nördlich die Etrusker schon vor rund 3000 Jahren über dem Feuer gebackene Teigfladen mit verschiedenen Belägen verzehrt haben. Irgendwann kam dann wohl ein Grieche auf die Idee, dass man den Belag auch schon vor dem Backen auf den Fladen legen könnte, und wurde so zum Erfinder der „Urpizza".

Im Jahr 1889 weilte König Umberto I. mit seiner Gattin Margherita von Savoyen im Schloss von Capodimonte. Als der Königin der Sinn nach einer Pizza stand, schickte sie einen Bediensteten zum damals besten Pizzabäcker der Stadt, einem gewissen Raffaele Esposito. Der machte sich sofort an die Arbeit und „erfand" drei verschiedene Pizzen. Der Königin mundete die mit Mozzarella, Tomaten und Basilikum am besten. Damit war die patriotischste aller Pizzen in den Landesfarben Grün, Weiß, Rot geboren und trug von nun an den Namen Pizza Margherita.

Zu Hause im Backofen erreicht man selten mehr als 250 Grad – das ist zu wenig für eine gute Pizza. Eine echte neapolitanische Pizza, das ist das ganze Geheimnis, muss nämlich in einen mit raucharmem Holz befeuerten Holzofen, der im Innern 400 bis 450 Grad heiß ist. Mit einer Holzschaufel wird die Pizza direkt auf den Boden des Ofens geschoben und bleibt dort höchstens anderthalb Minuten. Das reicht aus, um den Teig knusprig zu backen und den Käse zum Schmelzen zu bringen, lässt aber die Tomaten nicht austrocknen.

Der Teig ist Glaubenssache, der Holzofen obligatorisch.

Linke Seite: Tomaten, Mozzarella und ein einsames Basilikumblatt genügen für höchste kulinarische Vollendung. Oben: Wer kann, der kann …

Pizza Tradizionale

Seit 1880 serviert das kleine Restaurant „Da Michele" mitten im berüchtigten Altstadtviertel Forcella typisch neapolitanische Pizzen nach uralten Originalrezepten.

L'antica Pizzeria da Michele, Via Cesare Sersale 1, Napoli, Tel. 081 5 53 92 04, www.damichele.net

Himmel und Hölle

Mit rund einer Million Menschen (über 4,4 Millionen im Ballungsgebiet) und ungefähr 8500 Einwohnern pro Quadratkilometer gehört Neapel zu den am dichtesten besiedelten Städten Europas. Die quirlige Metropole des Südens besitzt einen der wichtigsten Häfen des Landes, Neapels historisches Zentrum zählt zum Welterbe der UNESCO.

1 – 18 Neapel

Ein guter Ausgangspunkt für einen Rundgang durch die Altstadt ist die Piazza Garibaldi am Hauptbahnhof. Nordwestl. gelangt man bald zum urspr. antiken östl. Stadttor Porta Capuana im Renaissancestil und zum 1 **Castel Capuano,** einer vierflügeligen, vom 19. Jh. geprägten, urspr. im 12. Jh. von Normannenkönig Wilhelm I. erbauten Anlage.

SEHENSWERT

Altstadt Über die Via Tribunali erreicht man den dreischiffigen 2 **Dom** (Duomo San Gennaro; urspr. 1294–1323) mit neugotischer Fassade aus dem 19. Jh. und barocker Ausstattung. Er ist dem Stadtpatron Januarius geweiht. In einer reich geschmückten frühbarocken Kapelle werden die Ampullen mit dem Blut des Heiligen aufbewahrt (www.chiesa dinapoli.it; Mo. bis Sa. 8.30–13.30, 14.30–20.00, So. 8.30 bis 13.30, 16.30–19.30 Uhr). Von einem älteren Bau aus dem 5. Jh. blieb das Baptisterium. Unmittelbar neben dem Dom zeigt das **Museum des Schatzes des Heiligen Januarius** (Museo del Tresoro di San Gennaro) wertvolle Geschenke, die dem Heiligen dargebracht wurden (Via Duomo 149; tgl. 9.00–17.00 Uhr). In den engen Gassen der Altstadt verstecken sich viele weitere sehenswerte Kirchen. 5 **San Paolo Maggiore** (um 1600), 4 **San Lorenzo Maggiore** auf antiken Resten (um 1300), 6 **San Domenico Maggiore** (um 1300) und 7 **Gesù Nuovo** (um 1600) haben viele Umbauten erfahren und zeigen heute hauptsächlich Stilelemente der Gotik und des Barock. Vor Gesù Nuovo mit „stacheliger" Quaderfassade steht auf dem „Spaccanapoli" eine reich verzierte Mariensäule, aufgestellt Mitte des 17. Jahrh., nachdem die Pest gut zwei Drittel der Bevölkerung dahingerafft hatte. Ebenfalls urspr. gotisch ist 7 **Santa Chiara** (1310–1340; tgl. 7.30–13.00, 16.30 bis 20.00 Uhr), deren angrenzender Klosterhof mit farbigen Majoliken gefliest wurde (Complesso Monumentale di Santa Chiara, Via Santa Chiara 49 c, Mo.–Sa. 9.30–17.30, So. 10.00–14.30 Uhr). **San Gregorio Armeno** in der Nachbarschaft von San Lorenzo Maggiore ist eine üppig ausgestattete Barockkirche (1580) mit einem schönen Kreuzgang.

Am Hafen Über die noble Shoppingmeile Via Toledo gelangt man in die Nähe des 8 **Castel Nuovo** (urspr. um 1280), das mit massigen

Oben: Blick auf den Vomero-Hügel mit dem Castel Sant'Elmo und der etwas unterhalb davon liegenden Kartause San Martino. Rechts oben: Altstadtleben in der Via San Gregorio Armeno. Darunter: das auf uralten Fundamenten ruhende Castel dell'Ovo, das „Eierkastell".

Rundtürmen und abweisenden Mauern uneinnehmbar scheint. Überraschend ist deshalb der filigran verzierte doppelstöckige Triumphbogen auf der Landseite zwischen zwei klobigen Türmen (Museo Civico Mo.–Sa. 9.00–19.00, Führungen Fr., Sa. 10.00–16.00, So. 10.00–12.00 Uhr, jeweils zur vollen Std.). Die dicht beieinander liegenden 10 **Piazza del Plebiscito** (Abb. S. 36) und **Piazza Trieste e Trexnto** bilden den prunkvollen Mittelpunkt Neapels. Ins Auge fallen die klassizistische **Chiesa San Francesco di Paola** aus dem 19. Jh., die Ähnlichkeit mit dem Pantheon in Rom aufweist, und der dreigeschossige, nüchtern wirkende **Palazzo Reale,** eine im Jahr 1598 erbaute repräsentative Königsresidenz (Nationalbibliothek); der 1737 errichtete Anbau **Teatro San Carlo** mit Platz für 3000 Zuschauer war einst das größte Opernhaus Europas (Führungen auf Ital. und Engl. Mo.–Sa. 10.30, 11.30, 12.30, 14.30, 15.30, 16.30, So. 10.30, 11.30, 12.30 Uhr). Auf einem Felsvorsprung entstand im 9. Jh. über uralten Fundamenten die Hafenburg 11 **Castel dell'Ovo,** umgestaltet im 12. und 13. Jh. (Mo. bis

Sa. 9.00–18.30, Sommer bis 19.30, So. bis 14.00 Uhr). Unweit von hier lockt in der Villa Communale die 12 **Stazione Zoologica,** kurz „Acquario" genannt, mit Schauaquarium (Di. bis Sa. 9.30–18.30, Winter bis 17.00 Uhr).

Vomero Mit einer der drei Standseilbahnen gelangt man schnell auf den 224 m hohen Vomero-Hügel und zum (immer wieder den jeweiligen Erfordernissen angepassten) 15 **Castel Sant'Elmo,** das Robert von Anjou 1343 erbauen ließ. Etwas unterhalb liegt die im 14. Jh. gegründete ehem. Kartause **San Martino** mit reich geschmückter barocker Kirche. Die elegante, bis 1819 errichtete klassizistische 13 **Villa Floridiana** ist von einem der schönsten Parks der Stadt umgeben.

MUSEEN

Inmitten eines herrlichen Parks hoch über der Stadt beherbergt das ehem. Bourbonenschloss Palazzo Reale di Capodimonte (1738–1838) das 18 **Nationalmuseum.** Seine Nationalgalerie gehört zu den bedeutendsten Museen Italiens; Kernstück ist die Gemäldesammlung

mit Werken vom 13. bis 20. Jh., darunter Tizian, Raffael, Tintoretto und Botticelli (Museo Nazionale di Capodimonte, Via Miano 2; Do.–Di. 8.30 bis 19.30 Uhr). Auch das ⑰ **Archäologische Nationalmuseum** TOPZIEL zählt zu den besten und größten seiner Art weltweit. Unschätzbar sind die Funde aus Pompeji, Herculaneum und Cuma. Mosaiken, Skulpturen, Inschriftentafeln, eine ägyptologische Sammlung und Teile der weltberühmten Farnese-Sammlungen machen den Museumsbesuch zu einem besonderen Erlebnis. Auch die lange Zeit unter Verschluss gehaltenen erotischen Malereien und Artefakte aus Pompeji sind wieder zugänglich (Museo Archeologico Nazionale, Piazza Museo; Mi. bis Mo. 9.00–19.30 Uhr). Im ⑥ **Museum der Kapelle San Severo** sind Skulpturen und Fresken neapolitanischer Künstler zu sehen; berühmt ist wegen ihrer filigranen Gestaltung die Skulptur des verhüllten Christus. Der Gründer des Museums, der Alchimist Raimondo de Sangro, hat der Nachwelt vor über 200 Jahren auch zwei makaber wirkende Skelette mit versteinerten Adern hinterlassen (Cappella Sansevero, Via De Sanctis 19, www.museosansevero.it; Mo., Mi. bis Sa. 9.30–18.30, So. nur bis 14.00 Uhr). Das ⑮ **Nationalmuseum von San Martino** zeigt außer seiner Klosterkirche neapolitanische Malerei aus dem 17. und 18. Jh. sowie eine Krippenausstellung (Museo Nazionale di San Martino, Piazzale San Martino 5, www.polomusealenapoli.beniculturali.it/museo_sm/museo_sm.html; Do.–Di. 8.30–19.30 Uhr). Die Villa Floridiana beherbergt die kostbare Porzellansamm-

Tipp

Im Labyrinth

Schon vor 5000 Jahren gruben Menschen die ersten Höhlen unter der heutigen Stadt. In großem Stil verwendeten dann die Griechen den weichen Tuffstein für Stadtmauern und Tempel. Im Lauf der Zeit entstand so ein weitverzweigtes System von Gängen, Höhlen und Zisternen. Als Neapel Ende des 19. Jh. Wasserleitungen bekam, wurden die unterirdischen Reservoirs überflüssig, doch bis dahin hatte fast jedes Haus durch einen Brunnenschacht Zugang zu Neapels Unterwelt. Im Zweiten Weltkrieg wurden die unterirdischen Räume als Luftschutzkeller genutzt. Heute kümmert sich der Kulturverein „Napoli Sotterranea" um die Erforschung von Neapels Untergrund und bietet auch Besuchern die Möglichkeit, dieses faszinierende Labyrinth zu erkunden. Der Eingang befindet sich an der Piazza San Gaetano.

INFORMATION

Führungen immer zur vollen Std., tgl. 10.00–18.00, Do. auch 21.00; auf Englisch 10.00, 12.00, 14.00, 18.00 Uhr
www.napolisotterranea.org

lung des ⑬ **Museo Nazionale della Ceramica Duca di Martina** (Mi.–Mo. 8.00–13.15 Uhr).

EINKAUFEN

Eine Shoppingtour für gut gefüllte Geldbörsen beginnt in der 1890 eröffneten ⑨ **Galleria Umberto I** und führt dann in die **Via Toledo,** eine der längsten Einkaufsstraßen Neapels, bekannt für teure Mode. Noch teurer wird es in den edlen Modeläden westl. der ⑩ **Piazza Trieste e Trento,** in der **Via Chiaia, Via dei Mille, Via Calabritto** und um die **Piazza dei Martiri.** Auf dem Vomero-Hügel lohnt ein Bummel durch die Fußgängerzone in der ⑭ **Via Scarlatti** und der **Via Luca Giordano** wegen der Boutiquen und Schuhgeschäfte. Buchhändler und Bücherstände sind an der ⑯ **Via Port' Alba** und an der **Piazza Dante** zu finden, für Musikinstrumente und CDs sind die **Via San Sebastiano** um die Ecke und die **Via San Pietro a Maiella** empfehlenswert. Entlang des gesamten ③ **Corso Umberto I** bieten hauptsächlich Händler aus Schwarzafrika meist gefälschte Markenartikel an. Auch von den elektronischen Geräten der fliegenden Händler sollte man besser die Finger lassen.

VERANSTALTUNGEN

Am 1. Mai-Wochenende und am 19. Sept. wird das **Fest des Stadtpatrons San Gennaro** mit Prozessionen und Gottesdiensten gefeiert – in der Erwartung, dass sich wieder sein Blut verflüssigt. Der **Mai der Monumente** (Maggio dei Monumenti) steht jedes Jahr unter einem anderen Motto, doch immer geht es darum, die verborgensten Schätze aus Kirchen und Palästen ans Tageslicht zu bringen. Anf. Sept. wird das **Fest der Madonna von Piedigrotta** mit Umzügen, Ausstellungen, Feuerwerk und neapolitanischen Volksliedern gefeiert. Beim alljährlichen **Pizzafest** im Sept. auf dem Messegelände wird tagelang nur die echte neapolitanische Pizza aufgetischt; außerdem gehören zahlreiche Konzerte zum Festprogramm. Die

Oben: Prunkvoller Mittelpunkt der Stadt ist die Piazza del Plebiscito mit der Basilica di San Francesco di Paola. Links: das Gran Caffè Gambrinus an der Piazza Trieste e Trento.

Weiße Nacht (Notte Bianca) Anf. Nov. steht jedes Jahr unter einem eigenen Motto – dabei sind stets die Geschäfte rund um die Uhr geöffnet, Sehenswürdigkeiten werden angestrahlt, und die ganze Stadt ist eine Bühne für Kunst- und Kulturveranstaltungen.

RESTAURANTS

Ungezählte Restaurants und Cafés lassen jedem das Wasser im Mund zusammenlaufen. Allerdings: In Neapel keine Pizza zu essen wäre unverzeihlich.
Eines der traditionsreichsten Lokale ist die Pizzeria **Brandi** westl. der Piazza Trieste e Trento, in der 1889 für die italienische Königin Margherita die gleichnamige Pizza erfunden wurde (Salita Sant'Anna di Palazzo 2, www.brandi.it, Tel. 081 41 69 28).
Auch **Bellini** südl. des Archäologischen Museums ist eine Institution und bekannt für seine hervorragenden Pizzen, außerdem für Fisch- und Nudelgerichte (Via Santa Maria di Costantinopoli 79/80, Tel. 081 45 97 74).
Nur einen Straßenverkauf hat die **Pizzeria e Friggitoria di Matteo** in der Via Tribunali 94 nahe Castel Capuano; die Einheimischen kennen die gute Qualität, deshalb steht man hier gerne Schlange.
Wer auf nicht ganz billige, aber leckere Fischspezialitäten aus ist, der geht ins Traditionsrestaurant **La Bersagliera** in hervorragender Lage am Castel dell'Ovo (Borgo Marinari 10/11, Tel. 081 7 64 60 16, Ruhetag: Di.).
Neapolitanische *dolci*, Kuchen und andere Süßigkeiten, sind eine ständige Verlockung; natürlich gibt es sie auch im bekanntesten Café der Stadt, dem **Gran Café Gambrinus** – zwar nicht ganz billig, aber elegant im Stil der Belle Epoque (Piazza Trieste e Trento). Traditionsreich und mitten in der Altstadt ist das **Scaturchio** (Piazza San Domenico Maggiore 19). Einfach in der Ausstattung und ohne Touristenrummel hat in der Nähe des Castel Capuano die **Pasticceria Mazzaro** eine große Auswahl an dolci zu günstigen Preisen im Angebot (Via Tribunali 359).

HOTELS

Unterkünfte sind nicht rar in Neapel – aber Vertrauenssache. Hier eine Auswahl.
Vier-Sterne-Komfort zwischen Dom und Castel Capuano bietet das **Caravaggio Hotel,** eine gelungene Mischung aus 17. Jh. und schnörkel-

los moderner Einrichtung (Piazza Cardinale Sisto Riario Sforza 157, 80139 Napoli, Tel. 081 2 11 00 66, www.caravaggiohotel.it).
Zentral nördl. des Hauptbahnhofs wohnt man im **Grand Hotel Europa**, einem soliden Drei-Sterne-Haus mit akzeptablen Preisen (Corso Meridionale 14, 80143 Napoli, Tel. 081 26 75 11, www.grandhoteleuropa.com).
Das **Hotel Duomo** befindet sich in der Nähe des Doms in einem schönen Palazzo mit einfachen, preisgünstigen und ruhigen Zimmern zum Innenhof (Via Duomo 228, 80138 Napoli, Tel. 081 26 59 88, www.hotelduomonapoli.it).

UMGEBUNG
Pozzuoli, der Hauptort der Phlegräischen Felder, ein industriereicher, dicht besiedelter Vorort westl. von Neapel, breitet sich auf erdbebengefährdetem Boden aus. Die Altstadt Rione Terra liegt auf einem Tuffsteinhügel, der senkrecht zum Meer abfällt. Das Erdbeben von 1980 hat große Schäden angerichtet, die bis heute nicht behoben sind. Die größte Sehenswürdigkeit von Pozzuoli ist das gut erhaltene Amphitheater, das einst 20 000 Besuchern Platz bot (Mi.–Mo. 9.00 Uhr bis 1 Std. vor Sonnenuntergang). Oberhalb des Ortes liegt der noch aktive Solfatara-Krater mit brodelnden Schlammlöchern (tgl. 8.30 Uhr bis 1 Std. vor Sonnenuntergang). Im Krater befindet sich ein schöner, schattiger Campingplatz (www.solfatara.it). Zwischen Pozzuoli und Baia liegt der Lago Averno, ein Vulkankrater, einst von den Griechen als Tor zur Unterwelt gefürchtet, heute ein Ausflugsgebiet mit Spazierwegen und Restaurants.
Im modernen, wenig reizvollen Küstenort **Baia** erinnert nichts mehr an den Kaiserpalast von Julius Caesar; auch all die anderen Luxusvillen sind Opfer von Vulkanausbrüchen und Erdbeben geworden. Oberhalb des Ortes kann man Reste der antiken Thermen besichtigen (Di.–So. 9.00 Uhr bis 1 Std. vor Sonnenuntergang). Im Kastell aus dem 16. Jh. zeigt das Museo Archeologico dei Campi Flegrei (Archäologisches Museum der „glühenden" Erde; Di.–So. 9.00–15.00, letzter Einlass 13.30 Uhr) Fundstücke aus versunkenen römischen Luxusvillen. Im Sommer kann man wochenends vom Hafen von Baia Ausflüge mit einem Glasbodenboot zu versunkenen Römervillen unternehmen (www.baiasommersa.it; Abfahrten: 10.00, 12.00 und 15.00 Uhr). Auf dem Weg von Baia nach Cuma passiert man den Kratersee Lago Fusaro; auf einer kleinen Insel im See steht das von Carlo Vanvitelli erbaute bourbonische Jagdschloss Casino Reale.
Cuma ist die älteste griechische Siedlung auf dem italienischen Stiefel. Im Sito Archeologico di Cuma sind Überreste von Zeustempel, Apollotempel, Akropolis und der Grotte der Sibylle von Kyme zu sehen (tgl. von 9.00 Uhr bis 1 Std. vor Sonnenuntergang).

INFORMATION
Azienda Autonoma di Soggiorno Cura e Turismo, Via San Carlo 9, 80132 Napoli, Tel. 081 2 52 57 11, www.comune.napoli.it, www.napoli.com, www.inaples.it

Genießen   Erleben   Erfahren

Das andere Neapel

DuMont Aktiv

Ein Spaziergang vom Castel dell'Ovo (Abb. S. 35) am Meer entlang und eine Fahrt mit der Seilbahn auf den Posillipo-Hügel zeigen ein ganz anderes Neapel als das hektische Alltagsgesicht im urbanen Straßengewirr. Kleine grüne Oasen, ruhige Flecken und eine frische Meeresbrise entspannen ungemein.

Vom Castel dell'Ovo (11) im Stadtplan, Abb. S. 35), einer Burg auf einem Felsen im Meer, der durch einen Damm mit dem Festland verbunden ist, genießt man einen herrlichen Blick auf Vesuv und Neapel. Der Borgo Marinari zu Füßen der Burg mit kleinem Jachthafen und einigen netten Restaurants bildet den Rest des uralten verwinkelten Fischerviertels Santa Lucia. Am Kastell beginnt die Via Partenope, die am Meer entlang zur Villa Comunale, einem Ende des 18. Jahrhunderts von König Ferdinand IV. angelegten Park, führt. Der langgestreckte Park mit Palmen und Brunnen ist eine der wenigen Grünflächen der Stadt und wird von den Einheimischen intensiv genutzt, besonders am Wochenende. Mittendrin befindet sich das älteste Aquarium Europas (12) im Stadtplan) mit 30 kleinen Becken, das von dem deutschen Zoologen Anton Dohrn 1879 eingerichtet wurde.

Durch den Park und weiter über die Via Caracciolo gelangt man zum Hafen Mergellina, in dem noch einige Fischer ihren Fang anlanden. Hier wird das Ufer von mehrstöckigen Wohnhäusern gesäumt. Vom Hafen führt eine Standseilbahn in wenigen Minuten auf den Posillipo. Seit jeher wohnen auf dem Hügel die Reichen der Stadt, in traumhaften Villen, oft mit unvergleichlichem Meerblick inmitten großer Gärten (Abb. unten). Bei der Kirche Sant'Antonio di Posillipo bietet der Belvedere ein grandioses Panorama über Neapel bis zum Vesuv.

Weitere Informationen

Funicolare Mergellina
tgl. 7.00–22.00 Uhr jede Viertelstunde

Aquarium Anton Dohrn
Di.–So. 9.30–18.30, im Winter nur bis 17.00 Uhr, Tel. 081 5 83 31 11, www.szn.it

Chalet Ciro
Traditionsreiches Eiscafé in Mergellina.
Do.–Di. 7.00–14.30 Uhr, Via Carraciolo, Tel. 081 66 99 28, www.chaletciro.it

Allzeit gefährlich

Die Silhouette des doppelgipfligen Vesuvs beherrscht das Panorama des Golfs von Neapel. Auf den ersten Blick friedlich, hat der Vulkan im Lauf der Geschichte mit gewaltigen Ausbrüchen immer wieder Unheil angerichtet. Der wohl bekannteste erstickte vor rund 2000 Jahren alles Leben in Pompeji und Herculaneum unter meterhoher Lava und Asche. Das Unglück der Bewohner war das Glück der Archäologen, die so einen einzigartigen Einblick in das Leben der Römer gewannen.

Hinter dem kleinen Küstenort Torre Annunziata ragt der Kegel des Vesuvs auf.

Blick in die Mondlandschaft des Kraters

„Inzwischen leuchteten vom Vesuv
an mehreren Orten Feuer und hohe
Brände, deren Glanz und Helligkeit
durch die Dunkelheit der Nacht
verstärkt wurden.“

Plinius der Jüngere

Auf dem Weg zum Kraterrand

Memento mori: Beim Ausbruch des Vesuvs, schreibt Plinius der Jüngere, hätten viele an den Göttern gezweifelt und befürchtet, dass „jene Nacht ewig und die letzte Nacht der Erde" sei.

Ich habe ein männliches Glied gefunden! Ein großes männliches Glied aus Bronze! Es liegt in meinem Garten in Civita. Kommt und seht es euch an!" Hätte der hier zitierte Bauer im Jahr 1745 nur eine Vase gefunden, so hätte wohl niemand groß davon Notiz genommen. So aber drang die Kunde von dem Fund bis zum Hof des Bourbonenkönigs Karl III., dessen Interesse schnell geweckt war. Die von ihm angeordneten Ausgrabungen im Garten des Bauern brachten eine der größten archäologischen Sensationen ans Tageslicht. In Herculaneum war man damals zwar schon seit 37 Jahren am Graben, und doch erst nach und nach wurde klar, dass es sich bei dem Fund des Bauern um etwas anderes handelte: Erst zwanzig Jahre später waren sich die Archäologen sicher, die legendäre Stadt Pompeji entdeckt zu haben.

Der Untergang Pompejis

Eine detaillierte Schilderung des verhängnisvollen Ausbruchs des Vesuvs stammt von Plinius dem Jüngeren. Im Jahr 106 n. Chr. schickte er Briefe an den bis heute geschätzten Geschichtsschreiber Tacitus, um diesem die Todesumstände seines Onkels Plinius des Älteren zu schildern. Mithilfe dieser Briefe konnten Wissenschaftler den Ablauf des verheerenden Vulkanausbruchs genau rekonstruieren. Seither werden ähnliche Ausbrüche als „Plinianische Eruptionen" bezeichnet.

Der Morgen des 24. August 79 n. Chr. begann mit einem leichten Beben, doch das beunruhigte niemanden in Pompeji. An das verheerende Beben 17 Jahre zuvor erinnerten sich zwar noch viele, aber leichte Erschütterungen gehörten damals zum Alltag. Diesmal waren die leichten Beben jedoch Vorboten einer unfassbar großen Katastrophe. Zur Mittagszeit explodierte der Vesuv unter dem gewaltigen Gasdruck im Innern und schleuderte eine „schirmpinienförmige" Wolke – so Plinius – aus Asche, Staub und Steinen bis zu dreißig Kilometer hoch in den Himmel. Am Nachmittag trieb die Wolke direkt auf Pompeji zu.

Markt, Kult und Verwaltung: Mit seinen Tempeln, Amtslokalen und Kaufmärkten war auch in Pompeji das inmitten der Altstadt am Schnittpunkt der beiden Hauptstraßen gelegene Forum das Zentrum des öffentlichen Lebens.

Aus der Zeit des Augustus stammt das Große Theater, dessen Ruine bis heute die Fantasie inspiriert. Wie war das wohl damals, als sich die Menschen auf den Rängen drängten, als lodernde Fackeln vielleicht die Szenerie notdürftig erhellten und die Hitze des Tages erst ganz allmählich einer kühlen Abendbrise wich?

„Alexanderschlacht": Mosaikdetail im Haus des Fauns *(Casa del Fauno)*, dem mit 3000 m² Grundfläche größten und vom Bauaufwand her luxuriösesten Haus Pompejis.

Apollo vor den Resten seines im römisch-italischen Stil gehaltenen (Podium-)Tempels.

Wandmalerei in Pompeji

Special

Das Bild der Zeit

Als Schmuck und zur Repräsentation zugleich dienten die Wandmalereien in den Villen von Pompeji.
Bei den Wanddekorationen, die in einer Mischung aus Fresko- und Temperatechnik erstellt wurden, lassen sich vier Stile unterscheiden, mit fließenden Übergängen. Die ältesten stammen aus dem zweiten Jahrhundert v. Chr. und wurden im relativ einfachen *Inkrustations- oder Mauerwerkstil* ausgeführt. Bemalungen, Ritzungen und Stuckverzierungen sollten Wände aus großen Steinquadern vortäuschen. Im ersten Jahrhundert v. Chr. schätzte man den *Architekturstil* – gemalte Perspektiven mit hellen Architekturelementen in der Mitte der Wand. Abgelöst wurde dieser um die Zeitenwende durch den *ornamentalen Stil*. Charakteristisch dafür ist ein zentrales Bild, meist ein Landschaftsblick mit mythologischen Szenen. Im oberen Bereich der Wand sind ornamentale Verzierungen wie zierliche

Wandmalereien in der Villa dei Misteri

Säulen ohne Scheinperspektive oder Kandelaber zu finden. Der (illusionistische) *Fantasiestil*, bis zum Untergang Pompejis vorherrschend, vereint alle vorhergehenden Stile. Im Mittelteil der Wand befinden sich figürliche Darstellungen, auch die Architekturelemente tauchen in komplexerer Form wieder auf. Zudem findet man filigrane Ornamentbänder und sich ständig wiederholende Elemente wie auf einer Tapete.

Viele Bewohner der Stadt suchten in ihren Häusern Schutz. Der Himmel verdunkelte sich, Schwefeldämpfe machten das Atmen schwer, Asche und Bimsstein begruben die Stadt meterhoch. Nach vier Tagen war alles vorüber. Pompeji und Herculaneum existierten nicht mehr und gerieten, nicht wieder aufgebaut, in Vergessenheit.

Pompeji heute
Die Entdeckung Pompejis ließ die Welt der alten Römer auf einen Schlag lebendig werden. Thermen, Tavernen und Bordelle, luxuriöse, mit Fresken und Mosaiken geschmückte Villen, aber auch Häuser einfacher Leute waren praktisch von einer Sekunde auf die andere „mumisiert" worden, wie Goethe es nach seinem Besuch 1787 beschrieb. Der „Garten der Fliehenden" dokumentiert das anrührend. Die verschütteten Körper vermoderten zwar mit der Zeit, hinterließen aber Hohlräume, die bei den Ausgrabungen mit Gips ausgefüllt wurden. Die Gipskörper liegen seitdem als Momentaufnahme vom Augenblick des Todes auf dem Boden.

Die Ausgrabungen von Pompeji zählen zu den größten Sehenswürdigkeiten Italiens und werden jedes Jahr von mehreren Millionen Besuchern aufgesucht. Doch trotz reichlich fließender Eintrittsgelder ist die Ruinenstadt in einem er-

Aus dem 18. Jahrhundert stammt die Adelsvilla Campolieto (ganz oben). Illusionistische Motive schmücken die Wände des augusteischen Kultraums in Herculaneum (oben).

An der Via Sacra von Herculaneum, einst die Prozessionsstraße, findet sich dieses Relief.

In Tonkrügen wie diesem wurden damals Vorräte aufbewahrt.

Herculaneum ermöglicht authentische Einblicke in eine Römerstadt vor 2000 Jahren. Damals lebten hier etwa 5000 Bürger, Fischer, Handwerker und Händler sowie einige kunstverständige Patrizier, die in reich ausgestatteten Villen samt blühendem Garten und Meerblick wohnten.

schreckend schlechten Zustand. So sprechen Fachleute vom zweiten Untergang Pompejis – diesmal schleichend und über Jahrzehnte fast unbemerkt. Diebe entwendeten Hunderte von Kunstwerken, für Sanierung und Sicherung dringend benötigte Gelder flossen wohl in dunkle Kanäle.

Verhängnisvolle Nähe
Rund 600 000 Menschen leben heute an den Hängen des Vesuvs. Aber auch Neapel, dessen Ballungsgebiet fast viereinhalb Millionen Einwohner zählt, liegt noch in der gefährdeten Zone. Die Verlockung, dem Berg immer näher zu rücken, ist groß, Bauland in der dicht besiedelten Region kostbar. Beim Blick in den Krater

sieht man nur noch an wenigen Stellen kleine Dampfwolken aufsteigen. Sie beunruhigen kaum jemanden, sind aber ein Indiz dafür, dass der Vulkan nur schläft – und die Menschen in seiner Nähe in trügerischer Sicherheit wiegt. Die Wissenschaftler des Osservatorio Vesuviano sind sicher, dass der Vesuv wieder ausbrechen wird. Wann, ist zwar ungewiss, aber je länger er sich Zeit lässt, desto gewaltiger wird der nächste Ausbruch sein. Über einer 400 Kubikkilometer großen Magmakammer steckt wie ein Korken im Flaschenhals ein Pfropf aus erkalteter Lava. Irgendwann wird der Gasdruck im Innern zu groß werden und den Berg in die Luft sprengen. Nach Mei-

nung vieler Experten könnte das noch in diesem Jahrhundert geschehen. Um den gefürchteten Tag X möglichst rechtzeitig vorauszusagen, analysieren Messgeräte und Sensoren Temperatur und Zusam-

Der Vulkan schläft – ist aber nach wie vor aktiv.

mensetzung der austretenden Gase und registrieren selbst kleinste Bewegungen der Erdkruste. Nach dem nationalen Notfallplan soll bei einem Alarm die Evakuierung der Menschen nur wenige Tage dauern – wenn es bei einer panikartigen Flucht nicht zum Verkehrschaos kommt.

VOM ESPRESSO ZUM CAPPUCCINO

„Un caffè, per favore"

Für Neapolitaner ist „il caffè" eine Herzensangelegenheit. Dabei geht es nicht einfach um einen anregenden Schluck – der Kaffee ist mit Genuss, Geselligkeit, Freundschaft und Lebensfreude gleichzusetzen.

Wer kann da schon widerstehen? Jetzt tief einatmen, vom Aroma gleich eine ganze Nase voll nehmen, dann die Tasse – nein, das Tässchen – ansetzen und: „Aaah …"

Viele behaupten, dass es in Neapel den besten caffè gibt. Das mag durchaus stimmen, denn die Neapolitaner sind anspruchsvoll, wenn es um ihren Espresso geht. Aus der Fülle von Bars und Cafés hat sich wohl jeder Neapolitaner zwei oder drei zu seinen Favoriten auserkoren. Warum er gerade diese Wahl getroffen hat, bleibt meist sein Geheimnis – als Außenstehender erkennt man die winzigen Unterschiede nur schwer. Eine der Lieblingsbars liegt möglichst nur wenige Schritte von der Wohnung entfernt, eine weitere befindet sich in unmittelbarer Nähe der Arbeitsstelle. Nur im äußersten Notfall lässt man sich den Espresso an den Arbeitsplatz bringen, denn was wäre das für ein Leben, in dem nicht genügend Zeit für den Gang zur Lieblingsbar bliebe?

Der perfekte Espresso

Im Normalfall zelebriert der Barmann hinter der Theke vor den Augen seiner Stammkundschaft mit geschmeidigen Bewegungen und ein wenig Pathos tagtäglich ungezählte Male ein immer wiederkehrendes Ritual. Zuerst bereitet er die kleine weiße Tasse vor. Dann klopft er schwungvoll das alte Kaffeepulver heraus und füllt das frische in die Maschine. Mit flinken Händen greift er zu einem stempelförmigen „Tamper", mit dem das Kaffeemehl im Sieb gefühlvoll verdichtet wird, ohne es zu stark zusammenzupressen, was den Geschmack negativ beeinflussen könnte. Ein flinker Dreh und ein Knopfdruck an der *macchina a pressione*, und schon rinnt das heiße Gebräu in die Tasse.

Einen guten Espresso erkennt man an seiner nussbraunen Farbe, dem aromatischen Duft und der cremigen Konsistenz. Sein Geschmack hängt vom verwendeten Kaffeepulver, der Wasserqualität und der Art der Zubereitung ab.

Für einen Espresso nimmt man in der Regel hochwertige Arabica-Bohnen, denen ein unterschiedlicher Prozentsatz an Robusta-Bohnen zugesetzt wird. Das rund 90 Grad heiße Wasser muss unter hohem Druck von ungefähr neun Bar durch das feine Kaffeemehl gepresst werden. Sind Druck oder Wassertemperatur zu niedrig, leidet der Geschmack. Die Durchlaufzeit sollte bei knapp 30 Sekunden liegen. Geht es schneller, so schmeckt der Espresso sauer und

Auf die richtige Bohne kommt es an. Die Kaffee-maschine darf ruhig schon ein paar Jährchen auf dem Buckel haben – Kaffeezubereitung ist schließlich Vertrauenssache.

Ob Latte macchiato oder Cappuccino – die Basis ist immer ein guter Espresso.

fade. Dauert es länger, werden zu viele Bitterstoffe herausgelöst.

Konzentration auf das Wesentliche

Der Gast wartet derweil im Stehen an der Theke auf seinen Schluck Energie. Wer sich hinsetzen und in Ruhe ein Stück Torte essen möchte, sollte besser in ein Wiener Café gehen. Kuchen essen die Neapolitaner fast nur am Sonntag. In einer neapolitanischen Bar konzentriert man sich auf das Wesentliche: spült den Mund mit etwas Wasser, nimmt sich ein Zucker-

tütchen, reißt es auf, lässt die Körner in die Tasse rieseln und verrührt sie anschließend. Die gute alte Zuckerdose mit den zwei langstieligen Löffeln hat fast überall ausgedient. Manchmal fügt schon der Barmann den Zucker hinzu, es sei denn, der Gast bestellt seinen Espresso *amaro*.

Zwei Schlucke im Stehen

Nun setzt man das winzige Tässchen mit der heißen Flüssigkeit vorsichtig, ja fast andächtig an die Lippen. Bereits nach einem Schlückchen wird der Tassenboden sichtbar, und nach einem weiteren ist der Genuss auch schon vorbei. Nach ein paar freundlichen Worten verlässt man voll neuer Energie seine Lieblingsbar in der Gewissheit, dass man bald wiederkommen wird. Und selbst für eine gute Tat taugt der Espresso. Dafür gibt es den *sospeso*, den „Aufgehobenen". Man trinkt einen Espresso, bezahlt aber für zwei. Nun kann jemand, der sich keinen Kaffee leisten kann, nach diesem „Aufgehobenen" fragen und bekommt eine Tasse kostenlos ausgeschenkt.

Espresso ist pure Energie, die man zu jeder Tages- und Nachtzeit gebrauchen kann. Hingegen ist der Cappuccino so etwas wie ein Nahrungsmittel, das sich Italiener in der Regel nur am Morgen gönnen.

Der „kleine Schwarze" – und die anderen

Die Basis aller italienischen Kaffeespezialitäten ist der „kleine Schwarze", der Espresso. Wer einen klassischen *Espresso* bestellt, sollte ihn in einer dickwandigen weißen, heißen Porzellantasse serviert bekommen, die zu rund zwei Dritteln gefüllt ist. Füllt man die Espressotasse fast bis zum Rand, erhält man einen *Caffè lungo*. Das Gegenteil davon ist der *Espresso ristretto*, der mit einer geringeren Wassermenge aufgebrüht wird und daher schwarz und deutlich stärker ist. Beim *Espresso corretto* gibt man einen Schuss Hochprozentiges hinzu. Wird die schwarze Flüssigkeit in der Tasse mit einem kleinen Schluck Milch „befleckt", handelt es sich um einen *Espresso macchiato*. Nimmt man dazu warme Milch, ist es ein *Macchiato caldo*, bei kalter Milch ein *Macchiato freddo*, und bei einem *Schiumato* wurde die Milch zuvor aufgeschäumt. Für die doppelte Menge Aufputschmittel fragt man nach einem *Doppio*.

Idealerweise stellt man sich an die Theke, statt sich wir hier im (als Literatencafé berühmt gewordenen) Gran Caffè Gambrinus an der Piazza Trieste e Trento in Neapel den Caffè servieren zu lassen. Dort ist er billiger und, Kenner beschwören das, besser. Selbst wenn er aus derselben Kaffeemaschine kommt.

Im Schatten des Vulkans

Den Vesuv sollte man schon besteigen, um den Ausblick auf Neapel, den Golf und seine Inseln zu genießen und dann einen Blick in seinen gewaltigen Krater zu werfen. Nicht minder beeindruckend ist der Besuch von Pompeji und Herculaneum, den beim verheerenden Ausbruch 79 n. Chr. unter Staub, Schlamm, Asche und Lava begrabenen Städten.

❶ Vesuv

Der Doppelberg **Vesuv** TOPZIEL besteht aus dem Monte Somma (1132 m) und dem etwas höheren Vesuvio (1281 m). Der Monte Somma ist der Rest eines einst wohl rund 3000 m hohen Urvulkans, der beim Ausbruch 79 n. Chr. zerstört wurde und heute als erloschen gilt. Im Nationalmuseum von Neapel gibt es ein in Pompeji gefundenes Wandbild, das noch den eingipfeligen Vulkankegel zeigt. Der alte Krater war mit rund 11 km Umfang und einem Durchmesser von 3,5 km viel gewaltiger als der heutige (rund 600 m). Monte Somma und Vesuv sind durch das Valle del Gigante getrennt. Der Vesuv ist der einzige noch aktive Vulkan auf dem europäischen Festland und in den vergangenen 400 Jahren mindestens achtmal ausgebrochen. Beim letzten Ausbruch 1944, bei dem mehr als 250 Mio. Kubikmeter Lava austraten, wurde auch die 1880 in Betrieb gegangene Zahnradbahn zerstört, berühmt durch das neapolitanische Volkslied „Funiculì, Funiculà". Seit 1995 stehen um den Gipfel 8452 ha Land, verteilt auf 13 umliegende Gemeinden, als **Parco Nazionale del Vesuvio** unter Schutz.

SEHENSWERT

Von Südwesten führt eine Serpentinenstraße den Berghang des Vesuvs hinauf; von den Autobahnausfahrten Ercolano und Torre del Greco ist der Weg ausgeschildert. Wer mit dem Zug anreist, steigt in Ercolano aus und nimmt Bus oder Taxi. Die Straße führt anfangs durch dicht besiedeltes Gebiet, dann durch eine grüne, würzig riechende Vegetation, bis auf 1000 m Höhe der Großparkplatz inmitten karger Vulkanlandschaft erreicht ist. Unterwegs passiert man mehrere Ausflugslokale und einen Infopoint. Vom Parkplatz sind es noch rund 30 Min. auf einem breiten ansteigenden Weg, der Ausblicke auf den **Monte Somma** und das **Valle del Gigante** (Tal des Giganten) eröffnet. Vom Kraterrand bietet sich ein Blick in den rund 200 m tiefen Krater, in dem einige Rauchsäulen von vulkanischer Aktivität zeugen. Auf dem Kraterrand kann man noch ein Stück weitergehen und die Aussicht genießen (tgl. ab 9.00, je nach Jahreszeit bis 15.00 oder 18.30 Uhr).

HOTEL

Das luxuriöse 4-Sterne-Hotel **Parco Vesevus** liegt unweit der Autobahnausfahrt Torre An-

Oben: Seit seinem letzten Ausbruch im Jahr 1944 befindet sich der 1281 Meter hohe Schichtvulkan in einer Ruhephase. Links: Nach diesem (Neptun und Amphitrite zeigenden) Mosaik wurde die (mit einem Laden für Lebensmittel und Wein verbundene) Casa di Nettuno e Anfitrite in Herculaneum benannt.

nunziata Süd am Fuße des Vesuvs inmitten eines herrlich angelegten Parks und bietet neben gut ausgestatteten Zimmern auch einen Panoramablick (Via Cifelli 86, 80041 Boscotrecase, www. vesevus.it, Tel. 081 5 37 43 97).

INFORMATION

Parco Nazionale del Vesuvio, Piazza Municipio 8, 80040 San Sebastiano al Vesuvio, Tel. 081 7 71 09 11, www.vesuviopark.it

❷ Ercolano

Herculaneum TOPZIEL wurde bei dem verheerenden Ausbruch von 79 n. Chr. nicht wie Pompeji unter Asche und Lapilli, sondern unter einer bis zu 25 m mächtigen Schlamm- und Lavaschicht begraben, die große Teile der Stadt konservierte und die Küste um einiges nach Westen verschob. 1709 stieß man bei Brunnenbohrungen zufällig auf Reste des antiken Theaters von Herculaneum. König Karl III. von Bourbon ließ 1738 die ersten systematischen Ausgrabungen in Angriff nehmen. Ebenfalls durch Zufall fand man 1750 mit der Villa dei Papiri, die außerhalb der antiken Stadt liegt, einen der Schätze von Herculaneum. Erst 1927 kamen dann auch Wohnhäuser und öffentliche Gebäude ans Tageslicht. Die moderne Stadt Ercolano, weiteres Beispiel für die chaotische Bebauung und den Platzmangel am Golf von Neapel, reicht bis unmittelbar an die tiefer gelegenen Ausgrabungen heran. Da bis heute erst ein Drittel der antiken Stadt freigelegt ist, fürchten viele Bewohner von Ercolano, dass ihre Häuser weiteren Ausgrabungen werden weichen müssen.

SEHENSWERT

Das zum Welterbe der UNESCO zählende Ausgrabungsgelände von **Herculaneum** *(Scavi d'Ercolano)* ist kleiner als das von Pompeji, aber auch nicht so überlaufen. Schon der Auftakt ist imposant: Man betritt das Gelände auf einer Zypressenallee mit Blick aufs Meer. Es braucht wenig Fantasie, um sich vorzustellen, warum reiche Römer ihre Ferien gern in Herculaneum verbrachten und von ihren luxuriösen Villen den Blick aufs Meer genossen. Auch wenn die kostbarsten Funde ins Archäologische Nationalmuseum von Neapel gebracht wurden, ging die Atmosphäre der antiken Römerstadt nicht verloren. Häuser und Inneneinrichtungen sind teilweise so gut erhalten, als hätte es seinerzeit keine Katastrophe gegeben. In der Vorstadt befinden sich die luxuriösen **Suburbanen Thermen** *(Terme Suburbane)* mit Marmorfußböden, Wanddekorationen und Mosaiken. Das benachbarte **Haus der Hirsche** *(Casa dei Cervi)*, eine Luxusvilla, die einst Meerblick hatte, bekam ihren Namen nach den Skulpturen im Garten, die von Hunden angefallene Hirsche zeigen. Auch das **Haus mit dem Mosaikatrium** *(Casa dell'Atrio a Mosaico)* nebenan ist eine repräsentative Stadtvilla mit Garten; bemerkenswert der Mosaikfußboden in Schwarz-Weiß. Schräg gegenüber steht das **Haus mit dem Holzbalken** *(Casa del Tramezzo di Legno)*, eines der ältesten der Stadt, das seinen Namen von der hölzernen Trennwand zwischen Atrium und Tablinum erhalten hat. Das benachbarte **Fachwerkhaus** *(Casa a Graticcio)* war ein von mehreren Familien bewohntes Mietshaus. Folgt man der Hauptstraße, kommt auf der rechten Seite bald das **Haus des Neptun und der Amphitrite** *(Casa del Mosaico di Nettuno e Anfitrite)*, ein zweistöckiges Wohn- und Geschäftshaus, in dem noch die Vorräte des Inhabers, eines Wein- und Ölhändlers, gefunden wurden; seinen Namen erhielt das Haus nach den farbigen Mosaiken im Nymphäum, einem Quellenheiligtum (April–Okt. tgl. 8.30–19.30, sonst bis 17.00 Uhr).

UMGEBUNG

Unweit Richtung Neapel liegt die **Reggia di Portici,** Mitte des 18. Jh. Sommerresidenz des Bourbonenkönigs Karl III., inmitten einer weitläufigen englischen Parkanlage; heute wird der Palast von der Universität Neapel genutzt (Via Università 100). Im 18. Jh. ließ sich der neapolitanische Adel in der Nähe der Königsresidenz nieder, so entstand die goldene Meile der Vesuvvillen. Viele sind im Lauf der Zeit verfallen, doch eine der schönsten, die vom Architekten Luigi Vanvitelli entworfene **Villa Campolieto** am Corso Resina, erstrahlt in neuem Glanz (Ufficio Villa Campolieto, Corso Resina 283, Tel. 081 7 32 21 34; Di.–So. 10.00–13.00 Uhr). Einen Besuch lohnen auch die **Villa Ruggiero** (Via A. Rossi 40; Di.–So. 10.00–13.00 Uhr) und die **Villa Favorita** (Via Gabriele D'Annunzio). Rund 250 m vom antiken Herculaneum entfernt wurde die **Villa dei Papiri** 1750 vom Schweizer Archäologen Karl Weber entdeckt. Das repräsentative Gebäude gehörte vermutlich im 1. Jh. v. Chr. dem Schwiegervater Julius Caesars, einem Literaturliebhaber, der in seinem Haus eine große griechisch-lateinische Bibliothek besaß. 79 n. Chr. wurde das Haus unter vulkanischem Schlamm begraben, die Papyrusrollen sind in der Hitze verkohlt. Die Ausgrabungen sind bis heute nicht abgeschlossen. Einige kunstvolle Skulpturen konnten geborgen werden, die nun im Archäologischen Nationalmuseum von Neapel zu sehen sind. Viel wertvoller sind aber die von Weber entdeckten Papyrusrollen, über 1700 Stück. Ihre Bedeutung ist weltweit einzig-

Pompeji: Mosaik in der Casa del Fauno, das Pflaster der Via delle Tombe, das noch sehr gut erhaltene (ursprünglich überdachte) kleine Theater (im Uhrzeigersinn von oben).

artig, denn sie enthalten die Schriften altgriechischer Philosophen, die uns sonst nur aus rund 1000 Jahre später entstandenen mittelalterlichen Abschriften bekannt sind. Die Entzifferung der Papyrusrollen gestaltet sich aber wegen des schlechten Zustands als äußerst schwierig. In der mehrstöckigen Villa werden noch weitere Schriftrollen vermutet. Eine Besichtigung ist derzeit wegen Renovierungsarbeiten nicht möglich. **Torre del Greco,** heute eine hektische, laute Stadt zwischen Golf und Vesuv, ist seit der Antike berühmt für die Herstellung von Gemmen und Kameen aus Muscheln und Korallen. Bei der Gravur entstehen filigrane Miniskulpturen, oft mit mythologischen Motiven. Früher war die gesamte Produktion, vom Tauchen nach den Korallen bis zur Fertigstellung des Schmuckstücks, in den Händen der Einheimischen. Heute ist die Situation schwieriger, denn viele Korallenbänke sind gefährdet und dürfen nicht mehr ausgebeutet werden.

INFORMATION

Ufficio Turistico di Ercolano, Via IV. Novembre 82, 80056 Ercolano, Tel. 081 7 88 12 43; virtueller Rundgang durch Herculaneum (Engl.) unter: www.proxima-veritati.auckland.ac.nz/ Herculaneum

③ Pompeji

Die Ausgrabungsstätte **Pompeji TOPZIEL** wurde 1997 von der UNESCO zum Welterbe erklärt. Für die Besichtigung des 66 ha umfassenden weitläufigen Geländes, von dem rund zwei Drittel freigelegt sind, sollte man sich mindestens einen halben Tag Zeit nehmen. Die Gründung des antiken Pompeji liegt im Dunkeln; die erste Stadtmauer lässt sich auf das Ende des 7. Jh. v. Chr. datieren. Ende des 5. Jh. v. Chr. eroberten Samniterstämme aus den Bergen die Stadt. Bald darauf begannen die Römer ihren Einfluss in Süditalien auszudehnen, was 290 v. Chr. dazu führte, dass Pompeji Teil des römischen Bündnissystems wurde. Das moderne Pompeji ist ein wenig sehenswertes Konglomerat, das in den vergangenen hundert Jahren neben den historischen Ausgrabungen entstand. Der zentrale Platz wird von der im Jahr 1891 erbauten imposanten Wallfahrtskirche Santuario della Madonna del Rosario beherrscht, einem der wichtigsten Pilgerziele Italiens, das

alljährlich mehr Besucher zählt als die Ausgrabungsstätte.

SEHENSWERT

Die meisten Besucher betreten die Reste der **antiken Stadt** *(Pompei Scavi)* durch den Eingang an der **Porta Marina** und kommen auf der ansteigenden Via Marina zum **Tempel des Apollo** *(Tempio di Apollo)*, dem ältesten Heiligtum Pompejis. Gegenüber sind die Reste der dreischiffigen Basilika zu sehen, bevor man zum **Forum,** dem einstigen Zentrum der Stadt, gelangt. Auf einem hohen Sockel sind die Reste des **Jupitertempels** *(Tempio di Giove)*

Tipp

Göttliches Aroma

Der Legende nach soll Gott über die Bosheit der Menschen eine Träne vergossen haben, die auf die Hänge des Vesuvs fiel und den Weinen ihr göttliches Aroma gab. So leitet sich auch der Name Lacryma Christi ab – für einen auch außerhalb Kampaniens bekannten Wein. Tatsache ist, dass der Weinanbau schon mit den Griechen an den Golf kam. Sie brachten Reben wie Greco und Aglianico mit, die bis heute angebaut werden. Eine lange Tradition besitzt das Weingut Saviano in Ottaviano mitten im Anbaugebiet des DOC Vesuvio. Der Familienbetrieb lässt sich bis 1501 zurückverfolgen; eine alte Weinpresse stammt noch von 1760. Auf dem Gut werden hervorragende, mehrfach prämierte antike Weine produziert, darunter natürlich auch der Lacryma Christi.

INFORMATION

Saviano 1760, Via Piazza 1, 80044 Ottaviano, Tel. 081 8 27 80 18

zu erkennen, der dem Vater aller Götter geweiht war. Folgt man der Via dell'Abbondanza, gelangt man zum rechter Hand gelegenen Theaterviertel mit dem beeindruckenden halbrunden **Teatro Grande,** das Platz für 5000 Zuschauer bot. Angrenzend befinden sich die Reste des **Isis-Tempels** (Tempio di Iside), erkennbar an einem von korinthischen Säulen gesäumten Kolonnadenhof. Die pompejanischen Wohnhäuser hatten in der Regel zwei Innenhöfe und einen säulenumstandenen Garten. Das **Haus des Fauns** (Casa del Fauno; Ursprung in vorrömischer Zeit) an der Via della Fortuna erhielt seinen Namen von einer kleinen Bronzestatue im Atrium; mit fast 3000 m² Grundfläche ist es das größte Haus Pompejis. Auch die Bewohner des **Hauses der Vettii** (Casa dei Vettii) müssen recht wohlhabend gewesen sein; auffallend sind hier die mit mythologischen Gemälden verzierten Wände. Jedes Haus in Pompeji besitzt seine ganz eigene Atmosphäre. Zu den Höhepunkten gehört die etwas außerhalb liegende **Villa der Mysterien** (Villa dei Misteri) mit Thermen und kunstvollen Wandmalereien; ihren Namen erhielt sie nach einem Fresko, das eine mysteriöse Kulthandlung zeigt (Tel. 081 8 57 51 11, www.pompeiisites.org; April bis Okt. tgl. 8.30 bis 19.30, sonst bis 17.00 Uhr).

RESTAURANT UND HOTEL

Das **Il Principe** im Zentrum des modernen Pompeji kocht nach überlieferten Rezepten – nicht billig, aber exzellent und schönes Ambiente (Piazza B. Longo 8, Tel. 081 8 50 55 66, www.ilprincipe.com). In der Nähe des Haupteingangs der Ausgrabungen befindet sich das Motel **Villa dei Misteri;** trotz Autobahn- und Bahnnähe relativ ruhig gelegen, mit einfachen, sauberen Zimmern zu fairen Preisen, Restaurant und Pool (Via Villa dei Misteri 11, 80045 Pompei, Tel. 081 8 61 35 93, www.villadeimisteri.it).

UMGEBUNG

In **Boscoreale** südöstl. des Vesuvs lohnt das Antiquarium, in dem der Alltag der Menschen in Pompeji und Herculaneum vor dem Ausbruch von 79 n. Chr. gezeigt wird, einen Besuch (Via Settetermini 15, Tel. 081 8 57 53 47; April bis Okt. tgl. 8.30–19.30, sonst bis 17.00 Uhr). Um 50 v. Chr. erbaut, besaß die Villa Poppaea in **Torre Annunziata** fast 100 Zimmer und war von einem 8000 m² großen Grundstück umgeben. Poppea, die zweite Frau Neros, frönte hier hemmungslos dem Luxus (Via Sepolcri; April bis Okt. tgl. 8.30–19.30, sonst bis 17.00 Uhr). Die Industrie- und Hafenstadt **Castellammare di Stabia** geht auf das antike Stabiae zurück, das auch beim Vulkanausbruch von 79 n. Chr. verschüttet wurde. Zu besichtigen sind die am Stadtrand gelegenen Villen San Marco und Arianna, die wegen ihrer Lage über der modernen Stadt begeistern (Via Passeggiata archeologica; April–Okt. tgl. 8.30–19.30, sonst bis 17.00 Uhr).

INFORMATION

Azienda Autonoma di Cura Soggiorno e Turismo di Pompei, Via Sacra 1, 80045 Pompei, Tel. 081 8 50 72 55, www.pompeiturismo.it, www.pompeiisites.org

Genießen   Erleben   Erfahren

Zum Gipfel hinauf

DuMont
Aktiv

Die meisten Vesuvbesucher fahren von Ercolano auf der Straße bis auf eine Höhe von rund tausend Metern und gehen dann vom Parkplatz auf einem breiten Weg in nicht einmal einer halben Stunde bis zum Rand des Gran Cono. Doch es gibt schönere und ruhigere Alternativen zu dieser Touristenautobahn: neun farblich markierte Wanderwege im Nationalpark Vesuv, die viel weniger frequentiert sind. Unterwegs erklären Informationstafeln die geologischen und historischen Zusammenhänge.

Relativ leicht ist der Wanderweg Nr. 4 durch das Waldreservat Tirone Alto. Wer mindestens drei Stunden Zeit hat, beginnt die Wanderung an der Straße von Ercolano zum Parkplatz in gut 600 m Höhe in der Nähe des Osservatorio Vesuviano. Der Weg führt durch Pinien- und Steineichenwälder, die vor allem im Sommer angenehmen Schatten spenden. Bevor man zum Rand des Monte Somma gelangt, von dem man bei gutem Wetter eine fantastische Fernsicht genießt, wird der Lavastrom aus dem Jahr 1944 durchquert.

Erheblich schwieriger ist der Wanderweg Nr. 3. Auch diese Rundwanderung beginnt an der Straße von Ercolano zum Parkplatz. Der Pfad führt an den Kämmen des Monte Somma vorbei bis zur Punta Nasone, dem höchsten Punkt des Kessels.

Weitere Informationen

www.vesuviopark.it

Leicht sind die Wanderungen durch die Kulturlandschaft von San Giuseppe Vesuviano (Nr. 7, Länge 1,7 km, mind. 1,5 Std.) und zur Lavazunge von 1944 (Nr. 9, Länge 0,7 km, mind. 1,5 Std.).

Mittelschwer sind der alte Aufstieg zum Vesuv (Nr. 5, Länge 3,8 km, mind. 1 Std.) und der Weg entlang der ehem. Zahnradbahn (Nr. 8, Länge 1,2 km, mind. 1 Std.).

Anspruchsvoll ist die Wanderung vorbei an den Spitzen der Cognoli di Ottaviano (Nr. 2, Länge 8,1 km, mind. 2,5 Std.).

Drei Schöne im Golf

Noch in Sichtweite des Festlands bilden die Inselschönen im Golf von Neapel eine ganz eigene Welt. Capri, der Inbegriff von Elitetourismus, wird jeden Sommer zur Bühne der Stars und Sternchen und hat weit mehr als die Blaue Grotte zu bieten. Ischia, seit ewigen Zeiten fest in deutscher Hand, besitzt Kurhotels und Thermalquellen im Überfluss und überrascht im Innern mit üppig mediterraner Vegetation. Procida freut sich zwar auch über Besucher, hält sich aber aus allem Trubel heraus.

Trutzig: Ischias Burgberg mit dem Castello Aragonese, dessen heutiges Erscheinungsbild ab dem Jahr 1439 entstand.

Wer schon an Capris Ostküste zum Arco Naturale spaziert ist (oben), kann von sich sagen, er habe den rechten Durchblick gehabt. Der hilft ihm dann vielleicht auch im Hafen von Marina Grande, wenn es darum geht, Jachten (viele) von Fischerbooten (eher wenige) zu unterscheiden (rechts). Ganz oben ragen die Faraglioni empor, stehen still und stumm im türkisblauen Meer herum und sind, was sie immer sind: hübsch anzusehen.

Vielleicht die schönste Freilichtbühne der Welt: Capris Piazza Umberto I., auch kurz „Piazzetta" genannt und gern mit Superlativen bedacht wie „Salon Europas" oder „Welttheater im Mittelmeer".

> „Wenn wir des Morgens zum köstlichsten Bade der Welt hinunterzogen, verloren wir uns in Wärme, Farbe und Glanz und bestanden nur noch aus lachender Seele."

Gerhart Hauptmann

Luxus hat einen Namen: Capri. Der Aufstieg des Eilands begann vor zwei Jahrtausenden, als sich der römische Kaiser Tiberius auf der Insel niederließ. Auf dem 300 Meter über dem Meer gelegenen Plateau des Monte di Tiberio, einem spektakulären, außergewöhnlich exponierten Ort, ließ er sich einen bis dahin in der römischen Architektur einmaligen Prachtbau errichten. Seine Villa Jovis benannte er nach Jupiter, der höchsten olympischen Gottheit. Mit 7000 Quadratmetern Grundfläche, acht Stockwerken und vierzig Metern Höhe, ausgestattet mit allem erdenklichen Luxus, war sie ein würdiger und bestens geschützter Regierungssitz, den der alternde Kaiser bis zu seinem Tod im Jahr 37 nach Christi Geburt nur noch ungern verließ.

Nach Tiberius' Tod verblasste der Ruhm Capris fast ebenso schnell, wie er gekommen war. Lange sollte die einheimische Bevölkerung unter Armut, Piratenüberfällen und ständig wechselnder Fremdherrschaft leiden.

Ein blaues Wunder

Erst die Entdeckung der Blauen Grotte durch die deutschen Künstlerfreunde August Kopisch und Ernst Fries 1826 brachte Capri wieder auf die Bühne der Welt zurück. Streng genommen haben die beiden die Höhle allerdings nur wie-

derentdeckt. Denn schon zu Tiberius' Zeiten wurde sie als Heiligtum genutzt; auch die örtlichen Fischer kannten sie. Doch ein „furchtsamer Aberglaube" hielt die Capresen laut Kopisch davon ab, sich ihr zu nähern.

Der Mythos Capri

Nur wenige Jahre nach ihrer Wiederentdeckung avancierte die Grotta Azzurra dank ihres magischen blauen Lichts im Innern und schwärmerischer Mund-zu-Mund-Propaganda zur Weltsensation. Auf einmal hatten die romantischen Weltreisenden jener Zeit Capri in ihr Herz geschlossen; der zweihöckerige Kalkfelsen vor der Halbinsel von Sorrent durfte nun auf keiner Grand Tour mehr fehlen. Lang ist seitdem die Liste der berühmten Caprigäste geworden. Dichter, Denker und Maler, die Schönen und die Reichen, berühmte Schauspieler und solche, die sich dafür halten, aber auch reiche Exzentriker und Aussteiger musste die Insel über sich ergehen lassen. Überschwänglich war meistens ihr Lob, wie das des Schriftstellers Alberto Savinio, der Capri 1926 für einen der „Hauptanziehungspunkte des Universums" hielt.

Der Mythos Capri lebt bis heute fort und überschwemmt die kleine Insel in den Sommermonaten mit teilweise mehr als 10 000 Tagestouristen, die ein stressi-

Impressionen aus Capri: Anacapris 1719 geweihte
Kirche San Michele Arcangelo zeigt ein prächtiges
Fußbodenmosaik, die Serpentinen der Via Krupp
führen über 1346 Meter hinab zur Marina Piccola,
Blick an der Villa Torricella vorbei übers Meer zum
Festland (im Uhrzeigersinn von oben links).

ges Besichtigungsprogramm absolvieren:
Blaue Grotte, Villa Jovis, Villa San Michele, mit dem Sessellift auf den Monte
Solaro und dann noch ein Blick auf die
berühmteste Piazzetta Italiens. Und ehe
vor „bei Capri die rote Sonne im Meer
versinkt", sind längst alle wieder auf dem
Boot in Richtung Neapel oder Sorrent.

Nach den Tagesgästen betritt die italienische Film- und Fernsehprominenz die
Bühne. Es sind nicht unbedingt die ganz
großen Berühmtheiten, aber um die Seiten der bunten Blätter zu füllen, reicht

Cinema Italiano **Special**

Traumkulissen

**Neben der Literatur sind natür-
lich Filme eine wunderbare Vor-
bereitung auf ein unbekanntes
Ferienziel – vor allem, wenn sie
auch dort gedreht wurden.**
Der „Postmann" *(Il Postino)* mit
Massimo Troisi und Philippe Noi-
ret wurde zum Teil im kleinen Ört-
chen Corricella auf Procida aufge-
nommen. An der Hafenpromenade
erinnert das Restaurant „Locanda
del Postino" an das aufregendste
Ereignis in der Geschichte des ver-
schlafenen Fischerorts. „Der talentierte Mr. Ripley" *(The Talented
Mr. Ripley)* mit Matt Damon und
Gwyneth Paltrow, Jude Law, und
Cate Blanchett) nach einem Roman von Patricia Highsmith, spielt
an vielen italienischen Schauplätzen: in Rom, Venedig, Palermo und
der Toskana, aber auch auf Ischia
und Procida. Ein amüsanter Film-
spaß ist „Avanti, avanti" *(Avanti!)*
von Billy Wilder mit Jack Lemmon,
ein Klassiker mit Seitenhieben sowohl auf amerikanische als auch
auf italienische Lebensweisen.

Fischertradition hat der kleine Hafen von Corricella auf der Insel Procida, der auch schon als Filmkulisse diente – zum Beispiel für Anthony Minghellas Neuverfilmung von Patricia Highsmiths Krimiklassiker „Der talentierte Mr. Ripley".

Das städtische Zentrum von Procida nennt sich Terra Murata („ummauertes Land") und zeigt ein entsprechend wehrhaftes Aussehen.
Im späten 16. Jahrhundert entstanden, boten die Festungsmauern den Insulanern Schutz vor Sarazenenüberfällen.

ihr Erscheinen allemal. Flanieren und gesehen werden ist ihnen das Wichtigste, damit der teure Schmuck und die neueste Mode gut zur Geltung kommen. Erst im Winter, wenn die meisten luxuriösen Hotels und auch die hochkarätigen Juwelierläden geschlossen sind, gehört die „Piazzetta" wieder den Einheimischen, können Besucher durch die Gassen von Capri-Stadt oder Anacapri schlendern und die urwüchsige Natur der Insel auf Spaziergängen genießen.

Procida, …

Obwohl zwischen den vulkanisch aktiven Phlegräischen Feldern auf dem Festland und der nahen Insel Ischia mit ihren Thermalquellen gelegen, besitzt Procida keine dieser Attraktionen. Auch mit einer Sensation wie der Blauen Grotte oder einem Hauch von Capriluxus kann die kleinste Insel im Golf von Neapel nicht aufwarten. Selbst Badeurlauber finden hier nicht unbedingt das Paradies, denn bis auf einen längeren Sandstrand sind die vulkanisch geprägten Küsten ziemlich steil und oft unzugänglich. Vielleicht deshalb blieb Procida bis heute vom Massentourismus verschont.

… die Ursprüngliche

Sehenswert ist das kleine Eiland allemal, hat es sich seine Ursprünglichkeit doch weitgehend bewahrt. Da wäre es schade, wenn man nur für einen Tagesausflug vorbeischaute. Seit dem Mittelalter wird an dem Häuserwirrwarr Procidas gebaut, ausgehend von der Terra Murata, dem gemauerten Land. Auf dem höchsten Felsen der Insel ist so im Lauf der Jahrhunderte ein architektonisches Kunstwerk entstanden. Platzmangel gab es zu allen Zeiten, doch er beflügelte die Fantasie, ließ ein Häusergewirr entstehen, das an nordafrikanische Altstädte erinnert. Kein Gebäude gleicht dem anderen, und trotzdem sind alle Variationen desselben Themas: in- und übereinander verschachtelte Würfel in Weiß oder hellen Pastellfarben, mit kleinen Fenstern, hohen Bögen und einer Treppenrampe, die wie ein Giraffenhals zum Obergeschoss führt. Dazwischen liegen schmale, schattige, labyrinthartige Gassen mit engen

Mit Blick auf die Punta Sant'Angelo: Der Maronti-Strand gehört zu den schönsten
Stränden auf der Insel Ischia.

„Isola Verde" (grüne Insel) wird Ischia dank Thermalquellen und üppiger Vegetation auch genannt.
Den Hafen von Ischia Porto an der Nordküste teilen sich die Fischer mit Fähren und Sportbooten.

Sarazenenturm und Stadtpaläste der ab dem 16. Jahrhundert im Weinanbau wohlhabend
gewordenen Familien prägen das Städtchen Forio an Ischias Westküste.

Wie alle Inseln im Golf von Neapel hat auch Ischia eine lange Fischereitradition – und wie hier in
Ischia Ponte im Osten der Insel zeigt man auch gern seinen Fang.

Durchgängen, in denen man sich trepp-
auf, treppab durch die Geschichte bewegt.
Kein Wunder, dass auch der nur über
eine dieser Treppengassen erreichbare Fischerort Corricella schon als Filmkulisse
diente. Dennoch hat sich hier seit Ewig-
keiten kaum etwas verändert. Tagsüber
werkeln die Fischer an ihren Netzen, am
Abend fahren sie in kleinen Booten hinaus aufs Meer. Sancio Cattolico, Marina
Grande oder einfach Porto wird der größte
Ort der Insel genannt. Die geschäftige
Hafenpromenade glänzt mit einer lücken-
losen Reihe äußerst malerischer Häuser,
mittendrin die potemkinsche Fassade
des Palazzo Merlato, durch dessen glas-
lose oberste Fensterreihe der Wind pfeift.

Ischia – die Heilsame

Die Griechen nannten ihre Kolonie auf
der größten Golfinsel im siebten vor-
christlichen Jahrhundert Pithecusa, Insel
der Affen; während der Römerzeit hieß
sie Aenaria, Insel der Weingärten; ab
dem Mittelalter schließlich Ischia, was
sich schlicht vom lateinischen Wort für
Insel ableitet. Heute schmückt man sich
gern mit dem Attribut Isola Verde, grüne
Insel. Auch Insel der Deutschen wäre zu-
treffend, denn bis zu neunzig Prozent
der Gäste sind Deutsche.

Aus der Ferne beherrscht der steil-
wandige Monte Epomeo die Insel. Auf
den ersten Blick wirkt er wegen seines
grünlichen Tuffs wie ein Vulkan, doch
ihm fehlen Kegel und Krater. Nichts-
destotrotz ist Ischia vulkanischen Ursprungs und steht mit den Phlegräischen
Feldern auf dem Festland in Verbin-
dung. Unter der Insel speist eine noch
glühend heiße Magmakammer die Thermalquellen und dampfende Fumarolen.
Im Innern ist Ischia abwechslungsreich,
wild und fast menschenleer, mit spektakulären Tuffsteinformationen und üppiger mediterraner Vegetation. Doch die
überwiegende Zahl der Besucher zieht es
an die Küsten, denn hier warten schöne
Sandstrände und mineralreiche Thermalquellen, in denen man herrlich entspannen kann.

Die stimmungsvollsten Plätze

La Dolce Vita

Was gibt es Schöneres, als den Tag gemütlich in einem Restaurant auf einer italienischen Piazza ausklingen zu lassen? Oder auch tagsüber bei einem Espresso oder Cappuccino den vom Stadtbummel schon fast wunden Füßen ein wenig Erholung zu gönnen? Ganz entspannt erlebt man dabei ein Stück italienische Lebensart.

3 Piazzetta in Capri

Auf der von pastellfarbenen Palazzi umstandenen Piazzetta landet früher oder später jeder Capri-Besucher, die Seilbahn vom Hafen bringt ständig Nachschub. Die Tische der edlen Cafés laden zum Verweilen ein, denn Sehen und Gesehen werden sind hier besonders wichtig. Genießer bleiben über Nacht auf der Insel und tauchen am Abend in die wohltuende Ruhe ein, die sich dann auch über die Piazzetta legt.

1 Piazza Umberto I. in Atrani

Für manche ist es schon eine Piazza, andere nennen sie Piazzetta, in jedem Fall ist der zentrale Platz von Atrani eine Augenweide, ein Stück Italien, wie es typischer nicht sein könnte: das Pflaster zweifarbig, die Häuser mit begrünten Balkonen und teils verwitterten Fassaden. Eine Handvoll Cafés und Restaurants sorgen dafür, dass man sich hier gerne trifft, ein Schwätzchen hält oder einfach das Leben genießt. Die Piazza Umberto I. liegt zwar mitten im Herzen des Amalfiküstentrubels, doch davon spürt man hier wenig.

2 Piazza Plebiscito in Neapel

Der größte, berühmteste und repräsentativste Platz im Herzen Neapels wird flankiert von den Monumentalbauten des Palazzo Reale, des Königspalastes, und der Kirche San Francesco a Paola. Die meiste Zeit des Jahres kommt man sich auf der weiten Fläche ein wenig verloren vor, doch das ändert sich, wenn Feste gefeiert werden. Bei Konzerten und zu Silvester stehen die Menschen hier dichtgedrängt, und wenn der heimische Fußballverein SSC Neapel Grund zum Feiern hat, kocht hier die Stimmung.

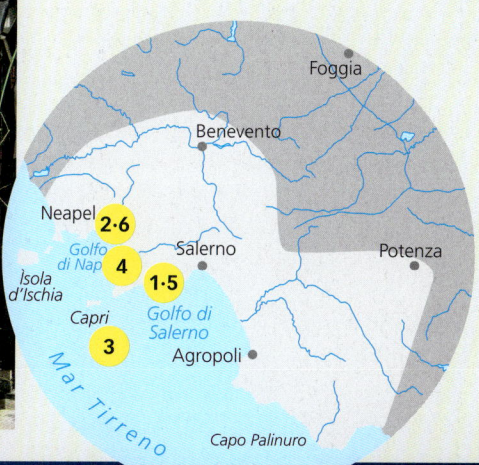

4 Piazza Tasso in Sorrent

Benannt nach dem Renaissancedichter Torquato Tasso, bildet der Platz das pulsierende Herz Sorrentos. Ihm und dem Schutzpatron, dem heiligen Antonio, hat man ein Denkmal spendiert, der Heilige thront mitten auf dem Platz, der Dichter in einer Ecke. Tagsüber kann man von den Restaurants und Straßencafés das eigentlich hoffnungslose und dann doch wieder sich irgendwie regelnde Verkehrschaos aus Autos, Mopeds und Fußgängern bestaunen. Auch die Fassaden der stattlichen Häuser sind einen eigenen Blick wert. Gegen Abend wird es dann etwas ruhiger, und die Restaurants füllen sich bald bis auf den letzten Platz.

5 Piazza Duomo in Amalfi

Wie der Name schon vermuten lässt, liegt der Dom Sant'Andrea direkt an dem Platz. Zu dessen byzantinisch-maurischer Front führt eine imposante Freitreppe. Wer diese ein Stück hinaufsteigt, genießt einen schönen Blick auf die Piazza, in deren Mitte der Barockbrunnen des heiligen Andreas die Aufmerksamkeit erregt. Nach der Dombesichtigung sollte man sich in eines der Straßencafés setzen und darauf warten, dass es dunkel wird, denn dann wird die prachtvolle Fassade des Doms angestrahlt.

6 Piazza Bellini in Neapel

Eine Oase der Ruhe im hektischen Centro Storico von Neapel bildet die Piazza Bellini. Damit ist dies der ideale Ort für eine Pause vom Stadtbummel. Hier trifft man auch Einheimische, das Café Intra Moenia ist besonders bei Literaten beliebt. Von den Terrassen der Cafés blickt man auf die archäologischen Ausgrabungen der griechisch-römischen Stadtmauer aus dem 14. Jahrhundert.

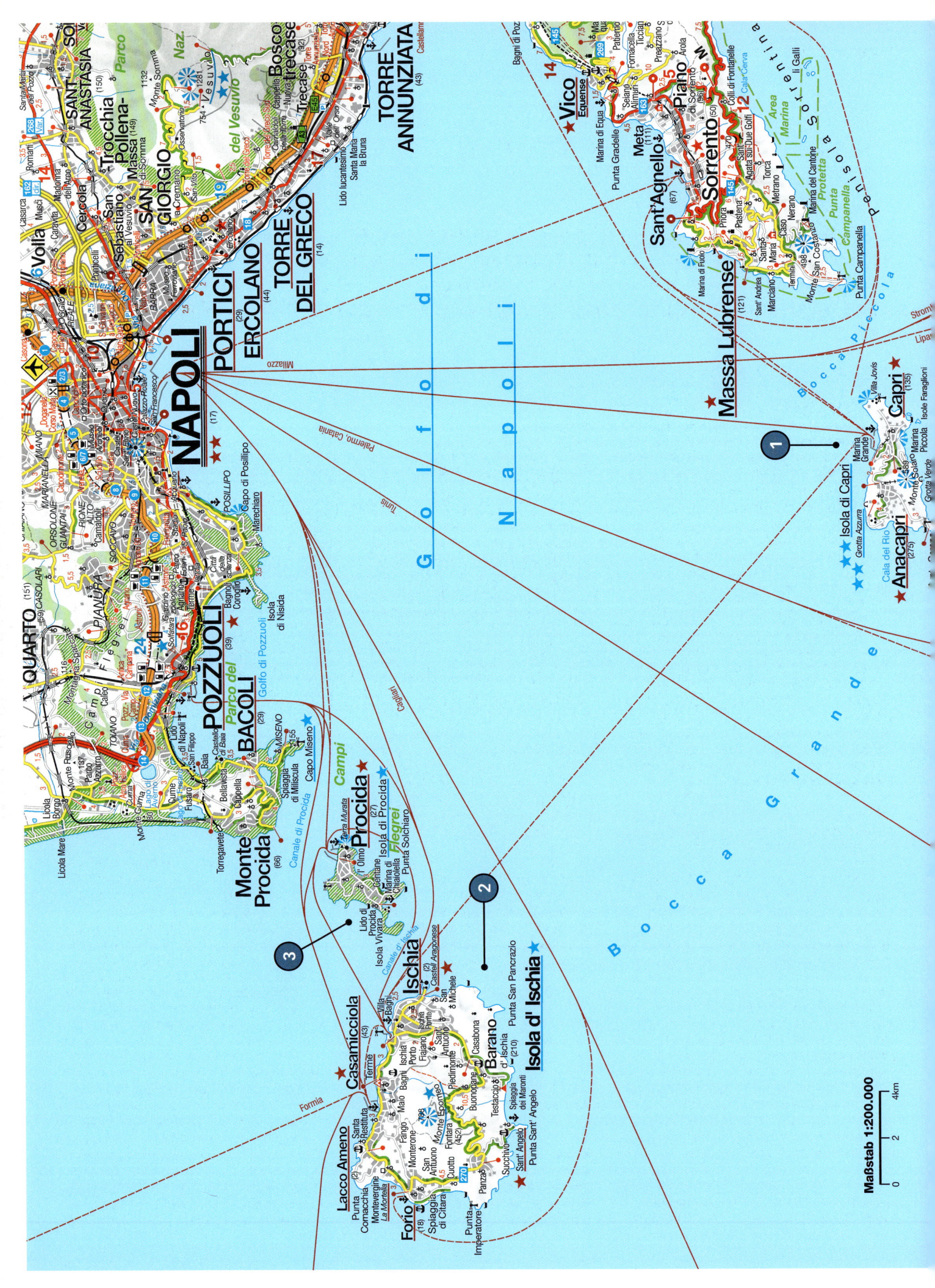

Wo Träume wahr werden

Die drei Inseln im Golf von Neapel könnten unterschiedlicher kaum sein. Capri, ein Kalkfelsen vor der Halbinsel von Sorrent, ist seit jeher vom Luxus geprägt. Ischia, vulkanischen Ursprungs, zieht in erster Linie deutsche Urlauber an, die sich in den heißen Quellen vergnügen. Die kleine Nachbarinsel Procida blieb bis heute von dem ganzen Rummel ziemlich unberührt.

❶ Isola di Capri

Die 10,5 km² große „Ziegeninsel" ist seit rund 2000 Jahren ein Ziel von Badeurlaubern, Lebenskünstlern und Aussteigern.

SEHENSWERT
Die Schiffe legen im turbulenten Hafenort **Marina Grande** an der Nordküste an. Von hier bringt eine Standseilbahn Besucher rasch nach **Capri-Stadt**. Nach wenigen Schritten steht man dort auf der „Piazzetta" Umberto I, einem winzigen, vom Torre dell'Orologio überragten Platz. Einige Stufen führen zur ab 1685 erbauten Kirche Santo Stefano mit barocker Fassade. Rund 45 Min. dauert der Spaziergang zu den Ruinen der **Villa Jovis**, einst von Kaiser Tiberius (42 v. Chr.–37 n. Chr.) errichtet und wegen

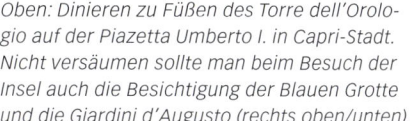

Oben: Dinieren zu Füßen des Torre dell'Orologio auf der Piazzetta Umberto I. in Capri-Stadt. Nicht versäumen sollte man beim Besuch der Insel auch die Besichtigung der Blauen Grotte und die Giardini d'Augusto (rechts oben/unten).

Tipp

Exklusive Düfte

Glaubt man der Legende, dann wurde schon 1380 auf Capri das erste Parfum hergestellt. Als Johanna von Anjou damals die Insel besuchte, soll der Prior des Kartäuserklosters San Giacomo sie mit Sträußen der schönsten Blumen begrüßt haben. Als die Königin nach drei Tagen abreiste, wollte der Prior die Blumen wegwerfen, doch dabei bemerkte er den angenehmen Geruch des Blumenwassers. Ein herbeigerufener Alchimist war ebenfalls begeistert und kreierte nach diesem Vorbild das Garofilium Silvestre Caprese, das erste Parfum Capris. An dieser Tradition orientiert sich bis heute die **Parfummanufaktur Carthusia**, die auf Capri drei kleine Läden besitzt und exklusive Parfums mit klangvollen Namen wie Aria di Capri oder Fiori di Capri verkauft.

INFORMATION
Carthusia – I Profumi di Capri, Via Federico Serena 28, Via Camarelle 10 und Viale Axel Munthe 26, www.carthusia.com

ihrer fantastischen Lage hoch über dem Meer eines der schönsten Ziele auf Capri (9.00–18.00 Uhr). Ein weiterer, rund 30-minütiger Spaziergang führt zum **Arco Naturale** an der Ostküste (siehe S. 18/19), einem gewaltigen natürlichen Felsbogen; ein kurzer Abstieg endet am einstigen Quellenheiligtum **Grotta di Matermania**. Nicht weit entfernt liegt auf einem Felsrücken über dem Meer die eigenwillige rote **Villa Malaparte**; das „Bügeleisen" erbaute Ende der 1930er-Jahre der erst faschistische, später kommunistische Schriftsteller Curzio Malaparte (1898–1957). Folgt man dem Weg weiter, bietet sich bald von der Punta di Tragara der schönste Blick auf die 100 m hohen **Faraglioni-Klippen**, eines der Wahrzeichen Capris. Auch von den **Giardini d'Augusto**, einem Park, den Friedrich Alfred Krupp anlegen ließ, sind die Klippen gut zu sehen. Über die **Via Krupp**, einen kühnen, 1902 in die Felswand gehauenen Serpentinenweg (siehe S. 18/19), gelangt man nach **Marina Piccola**, dem südlichen Hafen der Insel mit schöner Badebucht. **Anacapri**, der zweite Inselort, ist nur über

eine abenteuerliche Serpentinenstraße zu erreichen. Bis heute geht es hier viel ruhiger als in Capri zu. Die meisten Besucher kommen nur, um die **Villa San Michele** (bis 1910) zu besichtigen, doch auch ein Bummel durch die Via Orlandi, die Hauptstraße Anacapris, hat Reiz. Über die Scala Fenicia, einen steilen, höchst eindrucksvollen in die Felswand gehauenen Treppenweg, kann man bis nach Marina Grande absteigen. Bequemer gelangt man mit dem Sessellift auf den **Monte Solaro**, den mit 589 m höchsten Gipfel der Insel. Die etwas abseits gelegene **Grotta Azzurra** TOPZIEL erreicht man entweder auf einer Serpentinenstraße von Anacapri aus, oder man besteigt in Marina Grande eines der Ausflugsboote. Nur in Ruderbooten und nur bei halbwegs ruhiger See gelangt man durch den niedrigen Zugang in die „Blaue Grotte". Das magisch wirkende blaue Licht – am schönsten ist es am späten Vormittag – im Innern lohnt wirklich den Besuch, doch sollte man den größten Ansturm am Wochenende meiden.

MUSEEN

Die Lage der **Villa San Michele** am Rand der steilen Hänge des Solaro könnte nicht dramatischer sein. Der in Italien und Capri vernarrte schwedische Arzt Axel Munthe (1857–1949) ließ sich auf den Grundmauern einer Tiberiusvilla sein Traumhaus errichten – heute ein Museum, vollgestopft mit Antiquitäten und Skulpturen und mit fantastischem Blick von der Terrasse (Mai–Sept. tgl. 9.00–18.00, April, Okt. bis 17.00, März bis 16.30, sonst tgl. 9.00–15.30 Uhr). Das 1371 gegründete Kartäuserkloster **Certosa di San Giacomo** mit seinen maurisch anmutenden Kuppeln und Gewölben liegt südl. von Capri-Stadt inmitten eines herrlichen Panoramagartens. Im Refektorium sind die großflächigen Gemälde des deutschen Malers und Naturpropheten Karl Wilhelm Diefenbach (1851–1915) zu sehen (Di.–So. 9.00–14.00, 17.00–20.00 Uhr, im Winter nur vorm.).

RESTAURANTS UND HOTELS

Am Arco Naturale speist man mit fantastischem Ausblick und zu fairen Preisen im **Le Grotelle** (Via Arco Naturale 13, Tel. 081 8 37 57 19). Das **Faraglione** gibt es seit über 100 Jahren, und es bewahrt strikt alte Traditionen, auch in der Küche (Via Camerelle 75, Tel. 081 8 37 03 20). Inseltypisches Essen zu akzeptablen Preisen gibt es bei **Mamma Giovanna** (Anacapri, Via Chiusarano 6, Tel. 081 8 37 20 57).
Dezenten Vier-Sterne-Komfort bietet das Hotel **Relais Maresca** in Marina Grande. Die Zimmer sind im Capreser Stil gehalten; noch schöner ist das Panorama vom Dachgarten (Via Prov. Marina Grande 284, 80073 Capri, Tel. 081 8 37 96 19, www.relaismaresca.com). Etwas günstiger, aber nicht minder schön wohnt man im Hotel **Villa Sarah**: traditionelle Architektur, ruhige Lage, ca. 10 Gehmin. von der „Piazzetta" (Via Tiberio 3/a, 80073 Capri, Tel. 081 8 37 78 17, www.villasarahcapri.com).

INFORMATION

Azienda Autonoma di Cura Soggiorno e Turismo (AACST) Isola di Capri, Piazza Umberto I, 80073 Capri, Tel. 081 8 37 06 86, www.capri tourism.com, AACST Anacapri, Via G. Orlandi 59, 80071 Anacapri, Tel. 081 8 37 15 24

❷ Isola d'Ischia

Die größte Insel im Golf bietet die meiste Abwechslung. Zahlreiche Strände laden zum Baden ein, die Thermalgärten sorgen für Entspannung, und das Inselinnere hält gute Wandermöglichkeiten bereit.

SEHENSWERT

Auch die großen Fähren müssen durch die enge Einfahrt in den kreisrunden, im Jahr 302 entstandenen Kraterhafen von **Ischia Porto**. Geradeaus fällt der Blick auf die palastartige Villa Reale, erbaut Mitte des 19. Jh., heute Sitz einer Militärtherme. Das geschäftige Hafenbecken ist gesäumt von Restaurants und Geschäften, in den Straßen dahinter herrscht nur außerhalb der Saison das übliche Verkehrs-

Oben: Kunstvoll angelegt wurde der botanische Garten der Villa La Mortella auf der Insel Ischia. Rechts: Blick auf Ischias mächtiges Castello Aragonese an der Ostseite der Insel.

chaos, sonst lässt es sich in den verkehrsberuhigten Straßen der Altstadt gut bummeln. In östlicher Richtung gelangt man zum Corso Vittoria Colonna, passiert die Kirchen Santa Maria della Grazie und San Girolamo und erreicht auf der Via Pontano **Ischia Ponte**. Das dortige **Castello Aragones**e ist eine trutzige Festungsanlage (überw. 15. Jh.); zur vorgelagerten Felseninsel führt ein Damm, dann nimmt man entweder den Fahrstuhl oder folgt den verschlungenen Treppenwegen bis zum Gipfel des Freilichtmuseums und genießt den Blick von der Chiesa dell'Immacolata, der ehem. Kirche des Klarissenklosters. Westl. liegt an der Nordküste **Casamicciola Terme**, eine der Keimzellen des Tourismus. Der Thermalkurort ist dicht besiedelt und zieht sich weit den Berghang hinauf. Er besitzt ein riesiges Hotelangebot, mehrere Thermen, eine lebendige Uferpromenade sowie einen geschäftigen Hafen. Berühmte Gäste waren Henrik Ibsen und der italienische Freiheitsheld Giuseppe Garibaldi. Am Ortseingang liegt eine der ältesten Keramikwerkstätten der Insel mit großem Angebot (Fabbrica Terrecotte, Fratelli Mennella, Via San Girardi 47, Mo.–Sa. 9.00 bis 13.00, 15.30–20.00 Uhr). Der westl. Nachbarort **Lacco Ameno** ist für seinen Tuffsteinfelsen im Hafen bekannt, der wie ein gewaltiger Pilz aussieht. Der gepflegte Ort besitzt einige noble Hotels und Thermen. Am nordwestl. Ende der Uferpromenade liegt am schönsten Platz der Stadt die Chiesa Santa Restituta (11. und 19. Jh.) mit einem kleinen archäologischen Museum (Juni, Aug. tgl. 9.30–12.30 u. 17.00–19.00, April, Mai u. Sept./Okt. 9.30–12.30 u. 16.00 bis 18.00 Uhr, So. nachm. geschl.). Oberhalb liegt die Villa Arbusto, die ein Museum beherbergt. Kostbarstes Exponat ist der Becher des Nestor aus dem 8. Jh. v. Chr. (Museo Archeologico di Villa Arbusto, www.pithecusae.it; Di.–So. 9.30 bis 13.00, 16.00–19.30 Uhr). Städtisches Zentrum der Westküste ist **Forio**, beliebt wegen seiner Sandstrände. Wahrzeichen ist die Wallfahrtskirche der Seefahrer, Madonna del Soccorso (16. Jh.).
Der Fischerort **Sant'Angelo** an der Südküste wirkt mit seinen pastellfarbenen Würfelhäusern wie eine Postkartenidylle und erfreut sich regen Besuchs. Hinter Sant'Angelo führt die Straße kurvenreich ein Stück durchs Inselinnere. Vor Barano d'Ischia geht es dann hinunter zum Meer und zur **Spiaggia dei Maronti** TOPZIEL, dem schönsten Strand der Insel.

RESTAURANTS UND HOTELS

Die Via Luigi Mazzella führt in Ischia Ponte zum Castello Aragonese; von den Restaurants entlang der Straße zeichnet sich **Da Ciccio** durch seine Gemütlichkeit und die guten Fischgerichte aus (Via Luigi Mazzella 32, Tel. 081 99 16 86). Sehr schön sitzt man auf der Terrasse des **Cocò** mit Blick auf das Castello (Piazzale Aragonese, Tel. 081 98 18 23). Die Mehrzahl der Urlauber entscheidet sich allerdings für ein preislich oft attraktives Pauschalangebot mit Halbpension (frühzeitig buchen!). Auch wer individuell anreist, muss fast immer Halbpension nehmen. Einen Überblick über das Hotelangebot bietet www.ischiahotels.it.
Das außergewöhnliche 5-Sterne-Resort **Mezzatorre**, gruppiert um einen Turm aus dem 16. Jh., thront in fantastischer Lage hoch auf einer Landzunge inmitten eines 7 ha großen Pinienhains (Via Mezzatorre 23, 80075 Forio d'Ischia, Tel. 081 98 61 11, www.mezzatorre.it).

Tipp

Spektakulär

Wer auf Ischia mit dem Auto auf der Straße von Panza nach Ciglio unterwegs ist, kann das Restaurant „L'Arca", das auf einem Tuffsteinfelsen hoch über der Ebene thront, gar nicht übersehen. Vom Gastraum genießt man eine der spektakulärsten Aussichten, die Ischia zu bieten hat. Dass sich der Wirt auch noch rührend um seine Gäste kümmert, am Nachmittag hervorragenden Kuchen und am Abend Kaninchen oder Pizza zu fairen Preisen serviert, macht das „L'Arca" zum lohnenden Ausflugsziel.

INFORMATION

Ristorante L'Arca, Via Ciglio 144, 80070 Serrara Fontana, Tel. 081 90 42 26

INFORMATION
Azienda Autonoma di Cura Soggiorno e Turismo (AACST) delle Isole di Ischia e Procida, Ischia Porto beim Fähranleger, Via Sogliuzzo 72, 80077 Ischia, Tel. 081 5 07 42 11, www.ischia online.it, www.infoischiaprocida.it

③ Isola di Procida

Duftende Zitronen- und Orangengärten, eine trutzige Altstadt und pastellfarbene, vielfach verschachtelte Fischerhäuser machen den Reiz von Procida aus. Individualisten werden sich hier wohlfühlen. Wie Capri und Ischia ist auch Procida (4 km²) vulkanischen Ursprungs und wurde von den antiken Griechen „Prochyta" („die aus dem Meer Gestiegene") genannt.

SEHENSWERT
Die Schiffe aus Neapel, Pozzuoli und Ischia kommen im Fährhafen **Marina di Sancio Cattolico** an. Hier lohnt ein Spaziergang entlang der pittoresken Hafenpromenade zur barocken Kirche Santa Maria della Pietà. Mit ein wenig Kondition kann man sich zu Fuß auf den Weg zur Altstadt **Terra Murata** machen oder am Hafen eines der dreirädrigen Mikrotaxis besteigen. Durch ein Gewirr von engen Gassen gelangt man zum höchsten Punkt, gut 90 m über dem Meer, und zur Abtei **San Michele Arcangelo**. Prachtvoll ausgeschmückt ist die dem Erzengel Michael geweihte Abteikirche. In der Bibliothek werden wertvolle Schriften, Bücher und Heiligenfiguren aufbewahrt (Di.–Sa. 10.00–12.45, 15.00–17.30 Uhr). Der benachbarte **Palazzo Reale** (16. Jh.) ist der älteste Königssitz Kampaniens, diente danach als Gefängnis und wartet schon einige Zeit auf eine neue Nutzung. Den schönsten Blick auf den Fischerort **Corricella** mit seinen verschachtelten Häusern hat man vom Eingang zur Terra Murata. Lohnend ist der Abstieg durch enge Gassen zum kleinen Hafen. An der Südwestküste zwischen **Ciraccio** und **Ciracciello** findet man die schönsten Sandstrände. Sehenswert ist auch der kleine Hafen in einem fast kreisrunden ehemaligen Krater. Über eine Brücke erreicht man die vorgelagerte Insel **Vivara**, die ganz unter Naturschutz steht.

RESTAURANTS UND HOTELS
Die meisten Restaurants finden sich an der Hafenpromenade in Marina Grande. Beliebt ist das **Fammivento** (Via Roma 39, Tel. 081 8 96 90 20) mit fangfrischem Fisch. Das Hotel **Tirreno Residence** bietet preisgünstige Ein- und Zwei-Zimmer-Appartements inmitten eines großen Gartens (Via Faro 34, 80079 Procida, Tel. 081 8 96 83 41, www.tirreno residence.it).

VERANSTALTUNG
Die **Karfreitagsprozession** beginnt frühmorgens auf der Terra Murata.

INFORMATION
AACST delle Isole di Ischia e Procida, Via Sogliuzzo 72, 80077 Ischia, Tel. 0815074211, www.infoischiaprocida.it, www.procida.net.

DuMont Aktiv

Warmes Wasser im Überfluss

Bei Forio, im Süden der Bucht von Citara, findet man die Poseidon-Gärten, die bekanntesten und größten Thermalanlagen Ischias. Ihr heller Sandstrand liegt im Windschatten steiler Klippen, unmittelbar dahinter schließt sich die terrassenförmige Badelandschaft an. Fast labyrinthartig verbinden Treppen und Pfade die einzelnen Tuffsteinterrassen. Dazwischen breitet sich ein gepflegter Landschaftsgarten mit Eukalyptus, Zypressen, Pinien, Palmen, Agaven und Kakteen aus, in den immer wieder leuchtende Blumenteppiche eingestreut sind. Insgesamt warten 22 verschiedene Thermal- und Kurbecken auf die Besucher.

Das 28 °C warme Adriano-Becken lädt ebenso wie das Olympiabecken zum Schwimmen ein, im wärmeren Aphrodite-Becken kann man sich unter den Wasserfällen Rücken und Schultern massieren lassen. Das Herz der Anlage bildet das 34 °C warme Ischia-Becken, das die Form der Insel hat. Oberhalb reckt sich die Statue des Meeresgottes Poseidon in den Himmel. In einer natürlichen Tuffsteingrotte befindet sich das römische Dampfbad.

Doch die Poseidon-Gärten sind nicht nur eine riesige Badelandschaft zum Entspannen. Es gibt auch eine medizinische Abteilung, die verschiedene Massagen, Krankengymnastik, Inhalationen, kosmetische Behandlungen und Fangopackungen anbietet.

Weitere Informationen
Die **Poseidon-Gärten** sind April–Sept. tgl. 9.00 bis 19.00 Uhr geöffnet. www.giardiniposeidon.it

Der **Thermalpark Castiglione** ist ganzj. 9.00 bis 19.00 Uhr geöffnet. www.termecastiglione.it

Zu den schönsten Thermalgärten der Insel zählt der **Negombo-Park** in Lacco Ameno. www.negombo.it

Auch schön: **Aphrodite-Apollon-Gärten** in Sant Angelo d'Ischia. www.terme-ischia.it

Eine Küste zum Verlieben

Zwischen dem Golf von Neapel und dem Golf von Salerno schiebt sich die Halbinsel von Sorrent weit ins Meer. Ihr Rückgrat bilden die Monti Lattari, von mediterranem Grün überzogene Kalkberge, die in wild zerklüfteten Steilküsten auslaufen. In den kleinen Buchten zwischen den Felsen liegen malerische Orte mit klangvollen Namen, deren Häuser aus Platzmangel seit ewigen Zeiten übereinandergestapelt werden. So bleibt noch etwas Platz für die grünen Terrassen, auf denen Weinstöcke und sich sanft im Wind wiegende Zitronenbäume gedeihen.

Im Restaurant „Le Arcate" in Atrani: Vor so einer Kulisse schmeckt die Pasta gleich noch viel besser.

Ein für Süditalien typisches Bild zeigt die Auslage in der Sorrenter Gasse Via San Cesareo (rechts). Ein Bild für die Ewigkeit ist die Abendstimmung mit Blick auf Sorrent (unten), ein Bild des Alltags die Aufnahme von Seiano (rechts oben), dem Hafen von Vico Equense. Nicht zuletzt gibt es an dieser Küste auch Bilder der reinen Lebensfreude, etwa beim Baden unterhalb von Sorrents Steilküste (rechts unten).

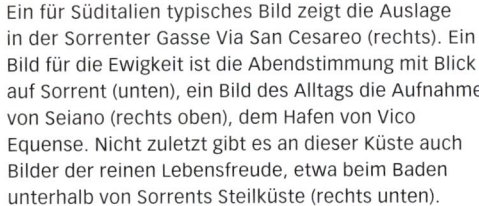

Wer die Traumorte der Halbinsel von Sorrent erkunden will, der muss schon recht gut zu Fuß sein, denn die labyrinthartigen Gassen führen ständig bergauf und bergab. Für Autos sind sie völlig ungeeignet. Schon im Jahr 1925 fühlte sich der Maler Paul Klee überaus wohl in Positano, dem „einzigen senkrechten Ort der Welt". Auch der Schriftsteller John Steinbeck war bei seinem Aufenthalt im Jahr 1953 von dem ständigen Treppensteigen beeindruckt.

Daran hat sich bis heute nichts geändert, und so fließt der Schweiß bei einer sommerlichen Besichtigung von Amalfi, Ravello, Atrani oder Vietri sul Mare schnell einmal in Strömen. Als Belohnung erwarten den Besucher aber allerorts atemberaubende Blicke auf eine der

Allerorts locken atemberaubende Blicke auf eine der schönsten Küsten Italiens.

schönsten Küsten Italiens, auf weiße oder pastellfarbene Häuser an den Berghängen, enge Schluchten und üppig grüne Terrassen. Übrigens: Wer die fantastischen, ineinander verschlungenen Treppenfluchten des niederländischen Grafikers M. C. Escher betrachtet, der wird nicht überrascht sein, dass er sich hier manche Anregung geholt hat.

Die Orte an der Amalfiküste sind ein über Jahrhunderte den Bedürfnissen angepasstes Konglomerat arabischer und italienischer Stilelemente, gewürzt mit mittelalterlichen Kirchtürmen, majolikaverzierten Kuppeln und Plätzen, die sich oft nur puppenstubengroß zwischen den Häusern verstecken. Bei all dem ist das Meer nie sehr weit. Mal erfreuen sich die Augen am Blick auf ein spiegelglattes blaugrünes Wasser, mal ist aber auch nur ein leises Rauschen zu hören, oder ein kühlender Windhauch trägt den Geruch der See in die engen Gassen.

Dem Apostel Andreas geweiht ist der Duomo di Sant'Andrea in Amalfi.

Nicht unbezahlbar, aber auch nicht gerade billig ist der Blick vom mit edelsten Antiquitäten, Pool- und Bar-Terrasse ausgestatteten Luxushotel „Le Sirenuse" über das malerisch verschachtelt zwischen Punta Germano im Westen und Capo Sottile im Osten liegende Positano.

Amalfis Naturhafen: Auf den ersten Blick erinnert nichts an die große Seefahrervergangenheit.

Amalfi **Special**

Große Zeiten

Seerepubliken brauchten kein großes Herrschaftsgebiet. Sie benötigten einen guten Hafenplatz. Vor über tausend Jahren konnte der kleine Ort Amalfi dank seiner Flotte und der guten Handelsbeziehungen die erste autonome Seerepublik Italiens gründen – noch vor Genua, Pisa und Venedig. Der Reichtum ließ nicht lange auf sich warten, was sich noch heute an den architektonischen Highlights ablesen lässt. Amalfis Handelsgaleeren brachten Kostbarkeiten aus dem Orient und aus Afrika. Das Seerecht von Amalfi galt im gesamten Mittelmeerraum.

Doch die Blütezeit währte nicht lange, denn Pisa wurde immer stärker und zwang die kleine Seerepublik Amalfi schließlich in die Knie. Das verheerende Seebeben im 14. Jahrhundert ließ Amalfi dann endgültig von der großen republikanischen Bühne verschwinden.

Vom Kloster zur Herberge

Im Hotel „Luna Convento" könnte fast jedes Zimmer spannende Geschichten von Prominenten erzählen, die in ihm genächtigt haben, aber auch von Generationen von Mönchen, die sich dem einfachen Leben und dem Gebet verschrieben hatten. Die Namen der prominenten Gäste würde Direttore Giovanni Ciccone nie über seine Lippen bringen. Nur bei Henrik Ibsen macht er dann schon mal eine Ausnahme. Wenn er Zeit hat, die winzige Rezeption im Kreuzgang des ehemaligen Klosters zu verlassen, holt er den Schlüssel zur Nummer 15 und führt den Besucher durch unübersichtliche Klostergänge zu dem Zimmer, in dem der norwegische Schriftsteller 1879 monatelang an seinem legendären Theaterstück „Nora" gearbeitet hat.

Refugium der Dichter und Maler

Zu Ibsens Zeiten dürfte Amalfi noch ein höchst friedlicher Ort gewesen sein, eine göttlich anmutende Küste. Dichter, Maler und Gelehrte beschrieben die zugleich wilde und liebliche Landschaft zwischen Meer und Gebirge schwärmerisch in Worten und Bildern: Renato Fucini (1843 bis 1921) etwa war sich sicher, dass der Tag des Jüngsten Gerichts für die Amalfitaner, die ins Paradies kommen, „ein Tag wie jeder andere" sein werde.

Einige Besucher wollten nur für Wochen oder Monate dem rauen Klima des Nordens entfliehen, andere verliebten sich mit Haut und Haaren in die Divina Costiera. So sah der Schotte Sir Francis Reid nur eine Möglichkeit, seine Italiensehnsucht zu stillen: Er erwarb die Ruinen der mittelalterlichen Villa Rufolo in Ravello und verwandelte sie in einen orientalisch-romantischen Lustgarten, der Richard Wagner bei seinem Besuch im Jahr 1880 zum Bühnenbild seiner Oper Parsifal inspirierte. Ins Gästebuch schrieb der Komponst deshalb: „Der Zaubergarten des Klingsor ist gefunden."

Fahrt an der Amalfitana: Zwischen Himmel und Meer

Die Lobeshymnen blieben nicht folgenlos. Die Küsten der sorrentinischen Halbinsel, die sich wie ein Schiffsbug weit ins Meer schiebt, wurden immer bekannter. Das Tor zum großen Tourismus öffnete dann die Amalfitana, die Straße zwischen Himmel und Meer; seit ihrer Eröffnung im Jahr 1857 die Lebensader der Region. Noch heute reiht sich Kurve an Kurve, nur wenige Meter konnten die Ingenieure der Steilküste für das Asphaltband abringen. Die Ausblicke sind immer wieder unbeschreiblich, was die Fahrt auf den rund vierzig Kilometern zu einem ganz besonderen Erlebnis macht. Doch ist die schmale

Ein „maurischer" Kreuzgang aus dem 13. Jahrhundert wurde geschickt in die Hotelanlage integriert: „Villa Cimbrone" in Ravello.

Die „Villa Cimbrone" ist für ihren wunderschönen Blick von der Terrazza dell'Infinito bekannt.

Die im 13. Jahrhundert für die Fürsten Rufolo, Kreditgeber der neapolitanischen Könige, im arabisch-sizilianischen Stil ...

... errichtete Villa Rufolo in Ravello umgibt ein (von Richard Wagner so bezeichneter) „Zaubergarten".

Straße mit dem ständig zunehmenden Verkehr völlig überfordert. „Früher kamen die meisten Gäste wegen des milden Klimas im Frühjahr und Herbst", erzählt Direttore Giovanni Ciccone. „Heute kommen alle im Sommer, obwohl sich die Amalfiküste doch eigentlich gar nicht für einen Badeurlaub eignet." Ciccone erlebt immer wieder, wie Reisebusse und Wohnmobile vergeblich versuchen, aneinander vorbeizukommen. So wird die Fahrt auf der Amalfitana oft zu einer nervenaufreibenden Geduldsprobe, die allenfalls durch die postkartenhübschen An- und Aussichten allerorten etwas erträglicher werden kann.

Luxustradition in Sorrent

„Suche großzügige, repräsentative Villa mit unverbaubarem Blick auf den Golf von Neapel": Jeder italienische Immobilienmakler denkt bei dieser Anzeige sofort an Sorrent. Denn das Tuffsteinplateau, auf dem die Stadt erbaut wurde, fällt mit einer senkrechten Kante fünfzig Meter zum Meer ab. Entlang dieser Abbruchkante stehen einige der schönsten Paläste Kampaniens, großteils noch aus der Zeit, als im 19. Jahrhundert die Weltreisenden der russischen und englischen Oberschicht in Sorrent die Winter verbrachten. Ihre luxuriösen Domizile sind heute meist Nobelhotels mit dem Flair der Belle Epoque, die noch immer viele englische Gäste beherbergen. Damit setzen sie die lange Tradition Sorrents als Luxuskurort fort, denn schon zu römischer Zeit tummelten sich die Wohlhabenden an diesem Küstenabschnitt – selbst Kaiser Augustus soll hier eine Villa besessen haben.

Allerdings ist Sorrent heute nicht mehr nur allein den Reichen vorbehalten und erst recht keine Oase der Ruhe. Die Stadt erstickt im Autoverkehr, auch die Strände sind viel zu klein für die vielen Sonnenhungrigen. Im Sommer ist in der Regel jeder Quadratzentimeter Sand belegt, und selbst auf den Badestegen, auf Pfählen ins Meer gebaut, ist häufig kein freies Plätzchen mehr zu finden.

Die besten Mitbringsel

Souvenir, Souvenir

Überall lockt die Versuchung, da fällt die Auswahl schwer. Immerhin: Es gibt Alternativen zu den allerorts spottbillig angebotenen, aber leider gefälschten Markenartikeln.

1 Limoncello

Limoncello bescherte dem Anbau von Zitronen in Kampanien einen neuen Aufschwung – und dem biologischen Landbau. Denn Limoncello ist ein Naturprodukt, das ganz ohne Zusätze genossen wird. Mit einem Alkoholgehalt von 30 bis 35 Volumenprozent ist der Zitronenlikör ideal zum Dessert. Die Farbe und der intensive Duft machen ihn unverwechselbar. Auch zum Verfeinern von Eis und Obstsalat eignet sich Limoncello hervorragend. In jedem Fall sollte er eiskalt getrunken werden. Seine Herstellung ist relativ einfach: Die Schale unbehandelter Zitronen wird für drei bis vier Wochen in hochprozentigem Alkohol eingelegt, danach reduziert man den Alkoholgehalt durch Zugabe von heißem Zuckerwasser. Nach einer weiteren Woche Reifezeit muss der Limoncello nur noch gefiltert und auf Flaschen gezogen werden. Limoncello und die Amalfiküste gehören untrennbar zusammen, denn an den steilen Hängen wachsen die wahrscheinlich größten Zitronen Italiens. Als Mitbringsel bekommt man Limoncello zwar überall in Kampanien, selbst Last-Minute-Käufer werden noch auf dem Flughafen von Neapel fündig. Doch die größte Auswahl findet man in Amalfi, wo ihn praktisch jede Familie selbst herstellt. Einen eigenen Besuch lohnt I Giardini di Cataldo in Sorrent: In dem wunderbar grünen Zitronengarten befindet sich eine kleine Limoncellofabrik. Neben dem süßen Zitronenlikör kann man hier auch herrliches Zitroneneis und Marmelade kaufen. Eine weitere, hausgemachte Köstlichkeit sind die Limoncello Babà, die zwei typisch neapolitanische Köstlichkeiten vereinen, Limoncello und Babà (siehe Tipp S. 81).

Antichi Sapori d'Amalfi, Amalfi, Piazza Duomo 39, Tel. 089 87 20 62, www. antichisaporidamalfi.it, tgl. 10.30–21.30 Uhr.

I Giardini di Cataldo, Sorrent, Via Correale 27, Tel. 081 8 78 18 88, www.igiardinidicataldo.it

2 Keramik

Vietri sul Mare an der Amalfitana ist die Keramikstadt Kampaniens. Die Majolikakuppel der örtlichen Kirche lässt sich schon von Weitem aumachen, auch Häuser, Brunnen und Pflaster sind mit den bunten Kacheln verziert. In mehr als einem Dutzend Läden entlang der Hauptstraße kann man die farbenfrohe Keramik erwerben, doch die größte Auswahl findet man in der Fabrik Solimene, die unschwer an ihrer eigenwilligen Fassade zu erkennen ist.

Ceramica Artistica Solimene, Solimene, Vietri sul Mare, Via Madonna degli Angeli 7, Tel. 089 21 02 43, www.ceramicasolimene.it, Mo.–Sa. 9.00–13.00 und 15.00–19.00 Uhr.

3 Corno

Die meisten Neapolitaner fürchten sich vor dem bösen Blick. Denn der kann für körperliche Beschwerden, Pechsträhnen oder sogar für den Tod verantwortlich sein. Gegen all dies soll ein Corno helfen, ein hörnchenförmiger Anhänger, den es in allen Größen als Schlüssel- oder Kettenanhänger gibt. Zur Sicherheit kann man sich ihn auch noch über die Haustür hängen. In leuchtendem Rot sind die Glücksbringer besonders beliebt.

Praktisch jedes Souvenirgeschäft in der Via Toledo in Neapel führt eine Auswahl der roten Hörnchen.

4 Kunsthandwerk

Seit 1863 wird in der Nähe der Piazza Tasso, einem der quirligsten Plätze von Sorrent, hochwertiges Kunsthandwerk produziert. Sehr schön sind die Intarsienarbeiten, von kleinen Schatullen bis zu Tischen in allen Größen. Auch Schachspieler werden hier fündig, Bretter und Figuren sind wahre Kunstwerke. Außerdem gibt es die typische farbenstarke Keramik der Region sowie allerlei mit Stickereien verzierte Textilien. Wer möchte, kann den Kunsthandwerkern bei der Arbeit zuschauen.

Gargiulo & Jannuzzi, Viale Enrico Caruso 1, Sorrent, Tel. 081 878 10 41, www.gargiulo-jannuzzi.it, tgl. 8.00–22.00 Uhr

5 Schnäppchen & Co.

Der lokale Markt auf Neapels Vomero zählt zu den beliebtesten und schönsten der Stadt. Hier trifft man kaum Touristen, hier handeln und feilschen die Neapolitaner lautstark und gestenreich. Und hier zeigt sich die Stadt von ihrer buntesten Seite: Stände mit Obst, Gemüse, Fisch und anderen Lebensmitteln dürfen natürlich nicht fehlen, aber auch Haushaltswaren, Mode und so manches Secondhand-Schnäppchen sind hier zu finden. Auch wer gute und günstige italienische Schuhe sucht, könnte hier durchaus fündig werden.

Mercatino d'Antignano, Piazza Antignano, Neapel, Di.–Sa. 9.00–14.00 Uhr.

6 Modisches

Der kleine Ort Positano an der Amalfiküste ist seit Jahrzehnten für seine ungewöhnliche Mode bekannt. Bikinis, Röcke, Blusen und Kleider im Positano-Stil sind vor allem eins: unverwechselbar farbenfroh. Den Laden von Maria Lampo gibt es schon seit mehr als 50 Jahren, ihr Markenzeichen sind gute Qualität und superschnelle Maßanfertigungen – das schätzen auch die Promis, die man immer wieder bei ihr zu sehen bekommt. Die passenden Schuhe und Sandalen, natürlich auch im Positano-Stil, bekommt man nicht weit entfernt bei Artigianato Rallo. Man kann sie sich direkt im Laden nach Maß anfertigen lassen.

Maria Lampo, Via Pasitea, 12–16, Positano, Tel. 089 87 50 21, www.marialampo.it. Artigianato Rallo, Via Pasitea 96, Positano, Tel. 089 811 71, www. artigianatorallo.com

Eine der schönsten Ecken

Die Halbinsel von Sorrent gehört zu den Höhepunkten Kampaniens. Jahrhundertelang war das unwegsame Bergland nur auf Eselspfaden und die wildromantische Küste nur auf dem Seeweg erreichbar, bis Mitte des 19. Jahrhunderts der Bau der Amalfitana den Touristenstrom ins Rollen brachte.

1 Sorrento

Sorrent ist laut und hektisch und steht permanent vor dem Verkehrskollaps. Dennoch lohnt ein Besuch wegen der spektakulären Lage auf einem zum Meer senkrecht abbrechenden Tuffsteinplateau, der prachtvollen Palazzi und der engen Altstadtgassen.

SEHENSWERT

Zentrum der Stadt ist die baumbestandene **Piazza Tasso**, auf der ein Denkmal des hier geborenen Dichters Torquato Tasso (1544–1595) steht – von Goethe in einem Schauspiel verewigt. Am Beginn des Corso Italia leuchtet die barocke Fassade der Kirche **Santa Maria del Carmine** (urspr. 3. Jh., 16. Jh.); an derselben Straße steht auch der **Dom** in romanischem Stil (15. Jh.) mit barockisiertem Inneren. Lohnend ist ein Spaziergang durch das historische Zentrum mit schmalen Gassen und zahlreichen Geschäften. Inmitten des Centro Storico ist in

Bei Praiano, hoch über dem Vallone di Furore, dem „Tal des Zorns".

der Via San Cesaro als ein Beispiel der vielen Paläste auch der **Sedile Dominova** aus dem 15. Jh. zu finden, der den Stadträten als Versammlungsort diente. Der quadratische Bau ist von einer Majolikakuppel gekrönt, doch das Bemerkenswerte sind die Fresken im Eingangsbereich, unter denen sich die älteren Männer zum Kartenspiel treffen.

MUSEUM

Das **Museo Correale di Terranova** in einem ruhigen Park am östl. Stadtrand beherbergt eine Gemälde- und Möbelsammlung des 17. und 18. Jh., archäologische Funde, Porzellan sowie Erinnerungen an den Dichter Torquato Tasso (Via Correale 48; April–Okt. Di.–Sa. 9.30 bis 18.30, So. bis 13.30, sonst Di.–So. 9.30–13.30 Uhr). Ein kurzer Weg durch den Garten führt zum herrlichen Belvedere am Steilufer. Das **Museum der Holzeinlegearbeiten** im Palazzo Pomarici Santomasi erinnert an das alte Gewerbe (Museo Bottega della Tarsia Lignea, Via San Nicola 28; April–Okt. Mo.–Sa. 9.30–13.00, 16.00–20.00, sonst Mo.–Sa. 9.30 bis 13.00, 15.00–19.00 Uhr).

AKTIVITÄTEN

An der **Marina Grande** konzentriert sich der Badetourismus, wobei der winzige Strand durch zahlreiche Stege vergrößert wurde. Im Sommer reicht der Platz trotzdem nicht aus, und das Gedränge ist groß. Die **Marina Piccola** wird vor allem als Fährhafen genutzt.

INFORMATION

Azienda Autonoma di Soggiorno e Turismo, Via Luigi De Maio 35, 80067 Sorrento, Tel. 081 8 07 40 33, www.sorrentotourism.com

2 Positano

Der mondäne Badeort mit seinen terrassenförmig angeordneten weißen und pastellfarbenen Häusern liegt am Fuß des Sant' Angelo a tre Pizzi, des mit 1443 m höchsten Bergs der Halbinsel.

Tipp

Süß & gut

In jeder Konditorei und in jedem Café sieht man sie: Sfogliatelle und Babà. Sfogliatelle sind kegelförmige Blätterteigtaschen mit Ricottafüllung, Babà kleine pilzförmige, in Rum und Zucker getränkte Kuchen. Diese und andere süße Versuchungen sowie die Eisspezialitäten schmecken in Sorrent besonders gut in der Gelateria Primavera.

INFORMATION

Gelateria Primavera, Sorrent, Corso Italia 142, Tel. 081 8 07 32 52

Tipp

Nur das Beste …

Sant'Agata sui due Golfi ist landesweit für seine spektakuläre Lage an der Spitze der sorrentinischen Halbinsel bekannt – und für sein Gourmetrestaurant „Don Alfonso 1890". Das exklusive Haus, eines der besten Italiens, wird von Livia und Alfonso wie ein Theater geführt. Sie wollen jeden Tag ein neues Stück aufführen, das Essen, die Weine und das Ambiente müssen immer wieder neu die Sinne der Besucher ansprechen. Die Philosophie ihrer Küche ist ganz einfach: mediterran, modern und bei den Zutaten nur das Beste. Dieser Luxus hat seinen Preis; so muss man für ein Menü ohne Wein mindestens 120 Euro rechnen.

INFORMATION

Cucina e Relais Don Alfonso 1890, Corso Sant'Agata 11, 80064 Sant'Agata sui due Golfi, Tel. 081 8 78 00 26, www.donalfonso.com

SEHENSWERT
Über dem Strand, der Spiaggia Grande, ragt die majolikaverkleidete Kuppel der Kirche **Santa Maria Assunta** auf (urspr. 10. Jh., 18. Jh.), und vor der Küste sind die sagenhaften Felsinseln **Li Galli** zu sehen, in die sich die Sirenen nach ihrem vergeblichen Versuch, Odysseus zu verzaubern, verwandelten.

RESTAURANT
Wer dem Rummel eine Weile entfliehen will, kann auf schmalen Straßen einen Ausflug ins Bergdorf Montepertuso machen und im **Il Ritrovo** einkehren. Salvatore Barba bietet im Winter auch Kochkurse an (Via Montepertuso 77, Tel. 089 81 20 05, www.ilritrovo.com).

INFORMATION
Azienda Autonoma Soggiorno e Turismo, Via del Saracino 4, 84017 Positano, Tel. 089 87 50 67, www.comune.positano.sa.it

 **Amalfi**

Das Städtchen gab einst der gesamten Küste den Namen. Es bildet den geografischen Mittelpunkt der Küstenstraße **Amalfitana** TOP-ZIEL und klemmt wie ein Keil im Valle dei Mulini: In diesem „Tal der Mühlen" gab es, Nomen est omen, im Mittelalter viele mit Wasserkraft betriebene Papiermühlen, schließlich war die Stadt einer der ersten europäischen Orte, in denen Papier hergestellt wurde.

Tipp

Ein buntes Fest

Im jährlichen Wechsel veranstalten jeden ersten Sonntag im Juni die vier ehemaligen Seerepubliken Amalfi, Genua, Pisa und Venedig ein historisches Fest, dessen Höhepunkte ein historischer Umzug und ein Ruderwettbewerb sind: die **Regata delle Antiche Repubbliche Marinare**. Die Regattastrecke ist 2000 Meter lang. In Amalfi wird auf dem Meer gerudert, in Genua im Hafenbecken, in Pisa auf dem Fluss Arno gegen den Strom und in Venedig in der Lagune.

INFORMATION
www.comune.amalfi.sa.it, www.Comune.genova.it, www.comune.pisa.it, www.comune.venezia.it

Oben: der „paradiesische" Kreuzgang im Dom von Amalfi. Rechts: Die imposante Freitreppe vor Amalfis prunkvollem Dom lässt erahnen, welche Macht die Seerepublik einst besaß.

SEHENSWERT
Zentrum des Ortes ist die **Piazza Flavio Gioia**, benannt nach einem berühmten Amalfitaner, der im 15. Jh. den Kompass erfunden haben soll. Von hier schaut man auf die ehem. **Schiffswerften** (Arsenali) und die **Porta Marina**, eines der alten Stadttore. Nach nur wenigen Schritten gelangt man zur **Piazza Duomo**, in deren Mitte der barocke Brunnen des Apostels Paulus sprudelt, auch Fontana del Popolo genannt. Eine breite Freitreppe mit 57 Stufen führt zum Atrium der **Kathedrale** (Duomo di Sant'Andrea, urspr. 9. Jh.); die prachtvolle romanisch-arabische Front erhielt der Dom erst im 19. Jh. Eine kunstvolle Bronzetür, 1066 in Konstantinopel gegossen, führt in die dreischiffige Basilika. Die Dekoration des Inneren stammt aus dem 18. Jh. Geht man am oberen Ende der Freitreppe nach links, gelangt man zum **Chiostro del Paradiso**, im 13. Jh. als Begräbnisstätte der adligen Familien Amalfis erbaut. Im angegliederten Museum sind sakrale Gegenstände zu sehen (Mai–Sept. tgl. 9.00–21.00, sonst 10.00–17.00 Uhr). Einen schönen Kontrast zu den engen Gassen und dem Häusergewirr von Amalfi bietet ein Spaziergang ins **Tal der Mühlen**. Hinter den letzten Neubauten kommt man zu den beiden letzten Papierfabriken, Cartiera Amatruda und Cavaliere, die noch heute in Betrieb sind. Dem Fluss folgend, wird das Tal immer urwüchsiger; man passiert Ruinen von Papierfabriken und Eisenhütten.

MUSEEN
In einer alten Papierfabrik ist das **Museo della Carta** untergebracht, mit historischen Maschinen und Werkzeugen zur Papierherstellung im Erdgeschoss und einer Bibliothek im ersten Stock (Via delle Cartiere 24, www.museodella carta. it; März–Okt. tgl. 10.00–18.30, sonst 10.00 bis 15.30 Uhr, Mo. u. Do. geschl.). Das **Museo Civico** hütet neben nautischen Instrumenten und alten Münzen das im 14. Jh. verfasste erste See- und Handelsgesetzbuch, die Tabulae Amalphitanae (Casa Communale, Piazza Municipio; Mo. bis Fr. 8.30–13.30, Di.–Do. auch 16.00–19.00 Uhr).

RESTAURANT
Im Hotel **Luna Convento**, 1222 vom hl. Franziskus von Assisi als Kloster gegründet, genießt man in eher schlichten Zimmern einen herrlichen Blick über Amalfi (Via Pantaleone 33, 84011 Amalfi, Tel. 089 87 10 02, www. lunahotel.it).

Das **Da Gemma** in Domnähe ist eine Institution – Fischküche für gehobene Ansprüche; eher orientalisch orientiert sind die Desserts (Via Fratello Gerardo Sasso 11, Tel. 089 87 13 45 www.trattoria dagemma.com, tgl. 12.00–15.00 u. 19.00–23.00 Uhr).

UMGEBUNG
Am alten Städtchen **Atrani** mit seinem kleinen Sandstrand geht der Tourismus mangels Unterkünften großteils vorbei. Im Ort versteckt sich die lauschige Piazza Umberto I. Von den sechs Kirchen sind die Kollegiatskirche Santa Maria Maddalena und die Chiesa San Salvatore am interessantesten. Südwestl. kommt man nach Conca dei Marini und zur **Grotta dello Smeraldo**. **Praiano** an einem der unzugänglichen Küstenabschnitte besteht aus mehreren Ortsteilen, die sich über den Berghang erstrecken. Auf dem Capo Sottile, das ein gutes Stück ins Meer ragt, steht der alte Grado-Turm, in Marina di Praia gibt es einen kleinen Sandstrand.

INFORMATION
Azienda Soggiorno e Turismo, Via delle Repubbliche Marinare, 84011 Amalfi, Tel. 089 87 11 07, www.amalfitouristoffice.it

 **Ravello**

Die Lage des mittelalterlichen Städtchens könnte kaum schöner sein. Das Stadtbild ist von mittelalterlichen Gässchen und maurischen Einflüssen geprägt. Blühende Gärten und herrschaftliche Villen zogen schon im 19. Jh. viele Künstler an.

SEHENSWERT
Kernstück Ravellos ist der Marktplatz mit dem romanischen **Duomo San Pantaleone** TOP-ZIEL aus dem 11. und 12. Jh. Das romanische

Bronzeportal (1179) bildet den Blickfang der schlichten weißen Fassade; kunstvoll verziert ist die Marmorkanzel (1272) im Mittelschiff. In der Domkapelle wird das Blut des Kirchenpatrons aufbewahrt, das sich, ähnlich wie das von Neapels San Gennaro, jedes Jahr im Juli verflüssigen soll (tgl. 8.00–12.00, 15.30–20.00 Uhr). Unweit des Doms liegt die **Villa Rufolo,** im 13. Jh. Wohnsitz der gleichnamigen Adelsfamilie. Zum Anwesen gehören terrassierte Gärten und ein „Maurischer Kreuzgang". Seit 1953 finden im Garten jeden Sommer Wagner-Konzerte statt (Tel. 089 85 76 21; im Sommer tgl. 9.00–21.00, sonst bis 17.00 Uhr).

RESTAURANT
Die Trattoria **Cumpà Cosimo** der Familie Bottone sorgt von jeher für Gemütlichkeit und hervorragende Pastagerichte (unbedingt reservieren; Via Roma 44, Tel. 089 85 71 56; Ruhetag: Mo.).

INFORMATION
Azienda Autonoma Soggiorno e Turismo, Via Roma 18, 84010 Ravello, Tel. 089 85 70 96, www.ravellotime.it www.turismoinsalerno.it/ravello.htm

❺ Vietri sul Mare

Vietri sul Mare markiert den Anfangs- bzw. Endpunkt der Amalfiküste und ist ein Zentrum der Keramikproduktion. Schon am Ortseingang reiht sich ein Keramikgeschäft ans andere, auch in einigen Fabriken kann man Keramiken erstehen. Der Ort wurde von den Etruskern gegründet, war lange Zeit von Salerno und Cava abhängig und wurde erst 1806 selbständig. Durch enge Gassen gelangt man hinunter ans Meer in den Ortsteil Marina di Vietri mit einem breiten, gut besuchten Sandstrand sowie einigen Hotels und Restaurants.

SEHENSWERT/MUSEUM
Das Städtchen wird von einer typischen Majolikakuppel und vom Turm der Kirche **San Giovanni Battista** (urspr. 10. Jh.) überragt. Das **Keramikmuseum** befindet sich im Bergdorf Raito (südwestl.) in einem Turm der Villa Guariglia. Es gibt einen guten Überblick über die örtliche Keramikherstellung vom 17. Jh. bis Anfang des 20. Jh., als sich eine deutsche Künstlergruppe in Vietri niederließ (Museo della Ceramica, Via Nuovo Raito; Di.–So. 9.00–15.00 Uhr).

HOTEL UND RESTAURANT
Hoch über dem Golf von Salerno liegt das **Hotel Raito;** die Aussicht ist grandios, der Luxus erschwinglich (Via Nuova Raito 6, 84019 Vietri sul Mare, Tel. 089 7 63 41 11, www.hotelraito.it). Am Bärenkap westl. Vietri liegt das traditionsreiche **Capo d'Orso** mit hervorragender Küche und gehobenen Preisen; besonders stimmungsvoll bei Sonnenuntergang (Via D. Taiani 48, Tel. 089 87 70 22).

INFORMATION
Centro Turistico, Piazza Matteotti, 84019 Vietri sul Mare, Tel. 089 21 12 85

Genießen   Erleben   Erfahren

DuMont Aktiv

Auf göttlichen Pfaden

In den Orten entlang der Amalfitana herrscht im Sommer Hochbetrieb, an den wenigen Stränden werden Liegestühle und Sonnenschirme zu Höchstpreisen vermietet, und auf der Straße geht es oft nur im Schritttempo vorwärts. Das Kontrastprogramm wartet im bergigen Hinterland der Monti Lattari: Hoch über dem Meer kann man fast ganz allein auf Maultierpfaden und Treppenwegen stundenlang durch eine herrlich grüne Landschaft wandern, denn ein erstaunlich dichtes Wegenetz zieht sich durch die Berglandschaft.

Einer der schönsten und beliebtesten Wanderwege ist der Sentiero degli Dei, der Götterweg. Mit festen Schuhen und ein wenig Kondition ist das abenteuerlich zerklüftete Kalksteinmassiv gut zu erwandern. Gesunde Knie sollte man allerdings haben, denn Stufen gibt es reichlich. Der Weg beginnt in Bomerano, gut 600 m über dem Meer. Nach einem Blick auf die Tafel mit den Wanderwegen geht es von der Piazza über kleine Straßen, Stufen und Maultierpfade in einem ständigen Auf und Ab zum Dörfchen Nocelle. Unterwegs warten spektakuläre Blicke in Hülle und Fülle: Weinterrassen, die sich die Hänge hinaufziehen, steile Felswände oder kilometerweite Fernsicht über das Meer und die Halbinsel von Sorrent. Nocelle liegt rund 440 m hoch und verdankt seinen Namen den Nussbäumen der Gegend. Auch der nächste Ort Montepertuso, dessen Wahrzeichen eine durchlöcherte Felswand ist, liegt noch hoch über dem Meer, doch schon im Ort beginnt der Abstieg über rund tausend Treppenstufen hinunter nach Positano.

Weitere Informationen

Mehrmals täglich fährt ein Linienbus von Amalfi nach Agerola, aussteigen muss man in Bomerano. Die Orientierung ist einfach, die Wege sind überwiegend gut befestigt. Je nach Kondition und Pausen ist man vier bis sechs Stunden unterwegs, unbedingt genügend Wasser mitnehmen! Eine kürzere Variante verlässt den Götterweg bei Nocelle und führt auf direktem Weg zur Amalfitana und zur Spiaggia Arienzo.

Der Weg ist das Ziel: auch beim Wandern entlang der Amalfitana.

Charmante Provinzen

Im Hinterland Neapels liegen die Provinzen Caserta, Benevento und Avellino. Casertas ganzer Stolz ist das Königsschloss, das Karl von Bourbon als Antwort auf Versailles erbauen ließ. Benevent, einstmals von Samnitern und Langobarden beherrscht, liegt in ein sanft gewelltes Hügelland eingebettet, während um Avellino die Berge etwas steiler aufragen. Beide Städte haben nicht nur räumlich eine gewisse Distanz zu Neapel – die Menschen lassen es hier auch gern etwas ruhiger angehen als in der Kapitale des Südens.

Putten vor Schlosslandschaft: Den absolutistischen Machtanspruch der Bourbonenkönige symbolisiert auch Casertas Schlosspark.

Eines der vielen Wasserspiele an den Sichtachsen zwischen Casertas barockem Schlossgarten und der in englischem Stil gestalteten Parkumgebung ist der Margherita-Brunnen.

Das prachtvolle Treppenhaus, eines der größten aus barocken Zeiten, sorgt in der zum Welterbe der UNESCO zählenden Reggia di Caserta für ein angemessen königliches Entrée.

Erst mit dem Thronsaal war einer der größten Schlossbauten des Absolutismus vollendet.

Die Göttin beim Bade: Fontana di Diana im Park von Caserta. Um das Schloss und den riesigen Park mit Wasser zu versorgen, wurde eigens der 38 km lange Acquedotto Carolino angelegt.

„Geld spielt keine Rolle": Der Regent wollte seine Residenz größer und schöner haben als Versailles.

Heute würde der Bau der Reggia di Caserta vermutlich eine Reihe parlamentarischer Untersuchungsausschüsse zur Folge haben und von den Medien als Hirngespinst eines größenwahnsinnigen Bauherrn angeprangert werden. Zu groß, zu teuer, am Bedarf vorbei geplant! Aber als Karl III. von Bourbon, der von seinem Urgroßvater, dem französischen König Ludwig XIV., nicht nur die Jagd-, sondern auch die Bauleidenschaft geerbt hatte, im Jahr 1752 mit dem Bau begann, wagte dem absolutistischen Herrscher niemand zu widersprechen – auch nicht, als der Regent seine Residenz größer und schöner haben wollte als das von seinem Urgroßvater erbaute, auch nicht gerade klein geratene Versailles. Mit Luigi Vanvitelli hatte Karl III., der als Carlo IV in den Jahren 1735 bis 1759 über Neapel und Sizilien regierte und von 1759 bis 1788 als Carlos III König von Spanien war, einen der fähigsten Architekten seiner Zeit unter Vertrag, und der durfte nach dem Motto „Geld spielt keine Rolle" planen.

Das Versailles Italiens

Die Reggia von Caserta wurde dann auch einer der prachtvollsten Paläste, mit 1200 Räumen und 1970 Fenstern, einer 250 Meter langen Fassade sowie einem 120 Hektar großen, drei Kilometer langen Park. Zeitweise arbeiteten 3000 Menschen auf der Baustelle, darunter viele Zwangsarbeiter, Strafgefangene und moslemische Sklaven. Die ersten Jahre ging das Bauvorhaben zügig voran, doch als Karl 1759 nach Madrid zog, um König von Spanien zu werden, wurde das Geld knapp. Der Bau der noch längst nicht fertigen Reggia geriet ins Stocken. Nach dem Tod Vanvitellis, der lediglich das Hoftheater fertigstellen konnte, übernahm zwar dessen Sohn die Bauleitung, doch war erst 1847 mit dem goldenen Thronsaal auch der letzte und größte Saal vollendet.

Über die große Ehrentreppe, eines der Prunkstücke der Reggia, sollten Könige und Königinnen an den beiden Marmorlöwen vorbei das Schloss betreten. Doch daraus wurde nichts mehr. Der Absolutismus hatte seinen Zenit längst überschritten, das fertige Bourbonenschloss wurde nie richtig genutzt. Dabei hatte Karl doch noch viel Größeres vor: Er wollte um sein Traumschloss herum eine ebenso prächtige Stadt entstehen lassen ...

George Lucas ante Portas

Vor einigen Jahren zog für eine Weile der Regisseur George Lucas in die Reggia

Die Monti del Matese – hier bei Pietraroja – sind für ihre guten landwirtschaftlichen Erzeugnisse bekannt.

Solopaca im Tal des Calore ist eines der Zentren der Weinregion um Talese.

Haselnüsse sind ein weiteres regionales Produkt des Benevento.

Im 19. Jahrhundert historisierend restauriert wurde das Castello Lancellotti westlich von Avellino im Vallo di Lauro.

ein und drehte dort einige Szenen seiner Star-Wars-Filme, die im Palast der Königin von Naboo spielen. George Lucas hatte im Vorfeld auch an einige andere Drehorte gedacht, entschied sich aber für Caserta, weil dies, wie er meinte, eines der schönsten und elegantesten Bauwerke Europas sei und den Filmszenen Realismus verleihen würde.

Die stolzen Nachfahren der Samniter
Benevent, immer wieder gern (und sogar in einem barocken Libretto) als Hexenstadt bezeichnet, blieb vom großen Tourismus bisher verschont. Dabei hätte die zwar kleine, aber durchaus interessante Altstadt schon etwas mehr Aufmerksam-

keit verdient. Vor allem der imposante, mit den Heldentaten des Kaisers geschmückte Trajansbogen, das „Goldene Tor", aber auch die Kirche der hl. Sofia aus dem 8. Jahrhundert und der über 800 Jahre alte Dom lohnen einen Besuch.

In den kleinen Dörfern und Städten im sanft gewellten, grünen Bergland der Provinz „des guten Windes" spielen Ackerbau und Viehzucht immer noch die Hauptrolle, werden Äpfel und Oliven, Haselnüsse und Mandeln, aber auch Wein und Tabak angebaut. Ruhig und selbstbewusst distanzieren sich die Menschen hier vom „fernen" und chaotischen Neapel, besinnen sich darauf, nicht bei den Griechen, sondern den

Samnitern ihren Ursprung zu haben – einem kriegerischen Bergvolk, das Rom ab dem 4. Jahrhundert vor Christus immer wieder herausforderte, letztlich aber doch unterlag. Seine heutigen Nachkommen sind zwar nicht mehr so kämpferisch, aber ein wenig mehr Eigenständigkeit hätten sie schon gern. Deshalb firmiert die Region nicht nur unter dem offiziellen Provinznamen Benevento, sondern immer häufiger als Sannio, und so wird mancher Wein unter dem Gütezeichen „Sannio beneventano" verkauft.

Im Namen der Hexen
Glaubt man einer alten Legende, dann soll früher einmal in der Nähe von Bene-

Beeindruckend: der Säulenschmuck im Kreuzgang des ehemaligen, von Langobarden um das Jahr 760 errichteten, zum UNESCO-Welterbe zählenden Kirchenkomplexes Santa Sofia in Benevent.

Die Fresken von Sant'Angelo in Formis, einer Benediktinerabtei bei Capua, zeigen noch ganz von Byzanz beeinflusste Szenen aus dem alten Testament.

Beim Wiederaufbau des im Jahr 856 von Langobarden gegründeten, 1943 zerstörten Duomo Santissimi Stefano e Agato in Capua wurde das Innere romanisch rekonstruiert.

Die Porta Napoli gehört zu den Befestigungsanlagen von Capua, wo einst ein aus Thrakien stammender Sklave den nach ihm benannten Spartakusaufstand begonnen haben soll.

vent ein betagter Nussbaum gestanden haben, unter dem sich die Hexen vor ihrem Ritt auf dem Besen trafen – am Fluss Sabato, der auch Hexenfluss genannt wird. Vor diesem Hintergrund ist es nicht sehr verwunderlich, dass der bekannteste Kräuterlikör der Gegend Strega heißt, also „Hexe". Mehr als siebzig Kräuter und Gewürze aus aller Welt sind zu seiner Herstellung notwendig. Die charakteristische gelbe Farbe verdankt er einer Prise Safran.

Im Jahr 1860 haben Giuseppe Alberti und sein Vater den ersten Hexenlikör gebraut; das Rezept stammte angeblich von den Mönchen eines Klosters. Damals gehörte das Benevento zum Vatikan – was bekanntermaßen die Abwesenheit von Hexen, Magiern und anderen dem Bösen zugeneigten Geistern noch keineswegs garantiert. Deshalb war es ein geschickter Zug der Albertis, ihren Likör „Strega" zu nennen und das Gerücht zu verbreiten, er gehe auf ein Liebestonikum der Hexen zurück. Immerhin hat die Familie mit ihrem Hexengebräu so viel verdient, dass sie im Jahr 1947 einen seitdem jährlich vergebenen Literaturpreis stiften konnte, den „Premio Strega". Zu den Preisträgern zählt der Kolumnist, Philosoph, Medienwissenschaftler und wohl der bekannteste zeitgenössische Semiotiker Umberto Eco, der seinerzeit (1981) bezeichnenderweise für seinen philosophischen Klosterkrimi „Im Namen der Rose" geehrt wurde, der ihn auch noch zum Bestsellerautor machte.

In dunklen Kanälen versickert

Etrusker, Griechen, Römer, Goten und Langobarden haben im Lauf der letzten 3000 Jahre in der Provinz Avellino ihre Spuren hinterlassen. Als am 23. November 1980 ein heftiges Erdbeben Kampanien erschütterte, gab es nicht nur über 3000 Tote zu beklagen, auch zahlreiche unersetzliche historische Bauwerke wurden entweder schwer beschädigt oder völlig zerstört. Besonders stark betroffen war die bergige Region Irpinien östlich der Provinzhauptstadt Avellino – mit ih-

Beschaulich, still und angenehm unaufgeregt: der Alltag im etwa 30 Kilometer nordwestlich von Caserta und knapp 50 Kilometer nordwestlich von Neapel gelegenen Provinzstädtchen Teano.

Der Dom von Avellino wurde 1980 beim Erdbeben zerstört und danach rekonstruiert.

Auch Benevent war immer durch Erdbeben gefährdet – hier die um 1700 wiederaufgebaute Via Garibaldi mit dem Turm von Santa Sofia.

Special

Padre Pio

Ein Heiliger unserer Tage

Als am 25. Mai 1887 der kleine, eher kränkliche Francesco Forgione in ärmlichen bäuerlichen Verhältnissen in Pietrelcina geboren wurde, ahnte niemand, dass dieses Ereignis das abgelegene Dorf weltbekannt machen würde.

Über Francesco Forgiones Kindheit ist nur bekannt, dass er viel las und betete und wohl nur wenige Freunde hatte. Nach der Schule trat er in den Kapuzinerorden ein, wurde Priester und war fortan Padre Pio. Mit 31 Jahren zeigten sich bei ihm an Brust, Händen und Füßen die Wundmale Christi, die sein ganzes Leben lang nicht heilen wollten. Zahlreiche medizinische Untersuchungen konnten die Ursache nicht klären. 1999, über dreißig Jahre nach dem Tod des Padres, sprach Papst Johannes Paul II. ihn selig, drei Jahre später folgte die Heiligsprechung.

Für Pietrelcina ist Padre Pio ein Glücksfall. Mindestens die Hälfte der Einwohner lebt gut von den Pilgern, die sein Geburtshaus, seine Küche und sein Studierzimmer sehen wol-

Allgegenwärtig: Padre Pio

len. Padre Pio findet man hier überall – auf dem Bartresen um die Ecke, an der Windschutzscheibe von Taxis und über dem Herd vieler Hausfrauen. Zum Jahresende erreicht der Heiligenkult dann seinen Höhepunkt. Das ganze Dorf wird zur *presepe vivente*, zur lebenden Krippe. Mehrere Zehntausend Besucher schauen zu, wie die Geburt Padre Pios drei Tage lang sehr hingebungsvoll nachgespielt wird. Gehuldigt wird dem Heiligen auch an seinem Grab in Apulien, in San Giovanni Rotondo.

ren Regionalparks auch als eine der „grünen Lungen" Italiens bezeichnet.

Heute ist auf den ersten Blick kaum noch etwas von den Erdbebenschäden zu erkennen, doch wer in Avellino über die Hauptstraße, den Corso Vittorio Emanuele II, schlendert, der erblickt zwischen den überwiegend neu errichteten Häusern immer noch Baulücken, die seit dem Jahr 1980 noch immer nicht geschlossen wurden. Auch so manches nur halb fertig gebaute Haus lässt vermuten, dass die Gelder zum Wiederaufbau in dunklen Kanälen versickert sind.

Wein und Haselnüsse aus Irpinien

Wesentlich besser überstanden hat die Natur das Beben – insbesondere die Haselnusssträucher und die Weinstöcke kamen glimpflich davon. Ein großes Glück, denn schließlich ist Irpinien außer für den Anbau von Haselnüssen von jeher auch für seine hervorragenden Weine bekannt. Einige Traubensorten wie der Aglianico wurden schon vor über 2500 Jahren von den Griechen nach Kampanien gebracht. Auch heute noch gelten sie als Garant für körperreiche und gehaltvolle Weine. Drei besonders hochwertige Tropfen sind die weißen Fiano di Avellino und Greco di Tufo sowie der rote Taurasi – allesamt „Denominazione di Origine Controllata e Garantita", also kontrollierten und garantierten Ursprungs, die höchste italienische Wein-Qualitätsstufe.

DIE CAMORRA

Korruption, Angst und Gewalt

Die Camorra hat Neapel und das Umland fest im Griff. Blutige Revierkämpfe, Schutzgelderpressung, Drogenhandel und illegale Geschäfte gehören zum Alltag. Doch als Tourist kann man relativ unbehelligt und sicher durch die Region reisen.

Neapel gilt als Mafia-Hochburg.
Aber die langen Schatten des Verbrechens
reichen weit darüber hinaus.

Schätzungsweise über hundert Camorra-Clans sind in Neapel und Umgebung aktiv. Sie unterhalten seit Langem ein System aus Korruption, Angst und Gewalt, verdienen ihr Geld mit Schutzgelderpressung, Prostitution, illegal erlangten Großaufträgen im Baugewerbe, Zement, Waffen- und Drogenhandel, illegaler Müllentsorgung sowie Markenpiraterie. Dank ihrer Kontakte zu kolumbianischen Drogenkartellen, der albanischen Mafia und der sizilianischen Cosa Nostra florieren die Geschäfte weltweit.

Clans beherrschen die Gesellschaft

Wer als Tourist Neapel besucht und nur durch die Altstadt schlendert, bekommt von den Camorra-Aktivitäten mit Ausnahme der Markenpiraterie nichts mit. Auffällig ist, dass wohl in keiner anderen Stadt Europas so viel gefälschte Designerkleidung angeboten wird. Seit einiger Zeit heuert die Camorra Schwarzafrikaner an, die für sie auf den Bürgersteigen Kleidung, Gürtel, Taschen und Koffer verkaufen. Aber auch in den meisten Geschäften dürfte nur ein kleiner Teil der Nobelmarken echt sein. Das Fälschergeschäft ist äußerst profitabel und relativ risikolos.

Erheblich rücksichtsloser und gefährlicher geht es beim Kampf um die Kontrolle des Drogenhandels zu, der sich überwiegend in den nördlichen und östlichen Vororten der Stadt abspielt. Über rund ein Dutzend Stadtviertel Neapels und fast alle Kommunen rund um den Vesuv hat der Staat mittlerweile die Kontrolle verloren. Niemand weiß, wie viele Menschen dort leben. Die Camorra ist hier der größte Arbeitgeber, und die Polizei traut sich nicht mehr hin. So gilt Neapels Vorort Secondigliano als größter Drogenumschlagplatz Europas.

Mehrere Hundert Clanchefs hat die Polizei in den letzten Jahren verhaftet, viele sind mittlerweile zu lebenslanger Haft verurteilt und verbüßen ihre Strafe in Hochsicherheitsgefängnissen. Verbessert hat sich die Lage dadurch nicht, denn wenn der Kopf eines Clans aus dem Verkehr gezogen wird, übernimmt der Sohn das Ge-

„Ihr habt gewonnen", soll Giuseppe Setola, blutrünstiger Killer und Boss des berüchtigten „Clan der Casales", bei seiner Festnahme gesagt haben.

schäft, oder der Clan spaltet sich sogar auf. Ohne legale Wohnungen und reguläre Arbeit in Neapels Problemvierteln werden die Clans weiterhin die Gesellschaft beherrschen.

Ein mächtiger Gegenspieler

Immerhin hat die Camorra, wie auch alle anderen italienischen Mafia-Organisationen, einen mächtigen Gegenspieler bekommen: Im Juni 2014 machte Papst Franziskus bei einer Messe in Kalabrien vor 250 000 Gläubigen unmissverständlich klar: „Diejenigen, die in ihrem Leben die Straße des Bösen einschlagen, wie die Ma-

fiosi, sind nicht in Gemeinschaft mit Gott. Sie sind exkommuniziert." Auch seine Vorgänger Johannes Paul II. und Benedikt XVI. hatten die Mafia verurteilt. Aber noch keiner fand dafür so deutliche Worte wie Papst Franziskus. Im März 2015 predigte er auch in der Hochburg der Camorra selbst gegen das organisierte Verbrechen und rief zu Widerstand und Umkehr auf: „Brüder und Schwestern, kapituliert nicht vor dem Bösen", sagte er bei seinem Besuch in Neapel und ließ auch Hoffnung anklingen: „Mit der Gnade des Herrn ist es möglich, zu einem ehrlichen Leben zurückzukehren."

Buchtipp

Roberto Saviano: Gomorrha. Reise in das Reich der Camorra. München 2009
Tatsachenroman mit einer Fülle hochinteressanter Details. Gründlich recherchiert und spannend. Nach Erscheinen des Buches erhielt der Autor mehrere Morddrohungen; seitdem hat er Personenschutz und lebt versteckt an wechselnden Orten. Das Buch wurde auch verfilmt, sein Autor erhielt 2009 den Geschwister-Scholl-Preis und 2012 den Olof-Palme-Preis für seinen publizistischen Einsatz gegen organisiertes Verbrechen und Korruption. 2013 erschien eine Fortsetzung des Bestsellers, *Der Kampf geht weiter: Widerstand gegen Mafia und Korruption*, 2014 erschien *ZeroZeroZero: Wie Kokain die Welt beherrscht*.

Maßstab 1:330.000

0   3   6km

Im eigenen Rhythmus

Im Hinterland von Neapel geht es ein wenig geruhsamer zu als in der Metropole und an der Küste, auch der Tourismus spielt in den meisten Städten und Dörfern noch keine große Rolle. Auf kleinen kurvigen Straßen kann man das grüne Hügelland erkunden und Bergdörfer entdecken. Aber auch die Provinzhauptstädte Caserta, Benevento und Avellino haben ihre Reize, gerade weil sie noch ein typisches Stück Süditalien sind.

❶ Capua

Capua ist ein hübsches, von Mauern umgebenes Städtchen an einer Flussschleife des Volturno mit einigen Palästen und Kirchen sowie einem interessanten Museum. Dort, wo heute Capua liegt, befand sich zu römischer Zeit der relativ unbedeutende Hafen Casilium. Die Stadt wurde im Jahr 856 von Langobarden als Ersatz für das von Sarazenen zerstörte Capua (Vetera) gegründet und zeigt wegen der Mauer aus dem 16. Jh. noch einen leicht mittelalterlichen Anstrich. 73 v. Chr. begann hier der legendäre Spartakus-Aufstand.

SEHENSWERT/MUSEUM

Im ältesten Teil der Stadt, der Via Principi Normanni, blieben mit **San Salvatore a Corte**, **San Michele a Corte** und **San Giovanni in Corte** noch drei Kirchen aus langobardischer Zeit (9./10. Jh.) erhalten. Das Zentrum der Altstadt bildet der nach 1945 rekonstruierte **Dom** aus dem 9. Jh. mit normannischem Glockenturm und kunstvollen Madonnenbildern im Innern. Das im Palazzo Antignano aus dem 15. Jh. untergebrachte **Museo Campano** zeigt Sammlungen kunsthistorischer, religiöser und archäologischer Exponate von der Antike bis zur Gegenwart. Bemerkenswert sind die Matres Matutae, Tuffsteinfiguren von sitzenden Frauen, die viele Kinder im Arm halten. Sie stammen aus dem 5.–1. Jh. v. Chr. und wurden in einem dem Fruchtbarkeitskult geweihten Heiligtum bei Santa Maria Capua Vetere gefunden (Via Roma 68; Di.–Sa. 9.00–13.30, So. bis 13.00, Di. u. Do. auch 15.00–18.00 Uhr).

UMGEBUNG

Santa Maria Capua Vetere (südöstl.) war für Hannibal eine Stadt der Muße, Cicero nannte es sogar das zweite Rom. Von der Bedeutung der Stadt zeugt noch heute das gewaltige Amphitheater, um die Zeitenwende unter Augustus errichtet. Mit 167 mal 137 m war es eines der größten Amphitheater der Antike (Di.–So. 9.00 Uhr bis 1 Std. vor Sonnenuntergang). Nordöstl. befindet sich in **Sant'Angelo in Formis** eine der schönsten romanischen Basiliken Kampaniens. Erbaut von Langobarden, wurde sie im 11. Jh. durch Benediktiner aus Montecassino prachtvoll neu gestaltet. Bemerkenswert sind der Mosaikboden und die farbigen Fres-

Oben: Das Deckenfresko des fast 40 m langen Thronsaals im Palazzo Reale von Caserta zeigt die Grundsteinlegung der Reggia in Anwesenheit des Königspaares. Rechts oben: Amphitheater in Santa Maria Capua Vetere. Darunter: die Basilika von Sant'Angelo in Formis.

ken, die Szenen aus dem Leben Jesu zeigen (tgl. 9.30–12.30, 15.00–18.00, im Sommer bis 19.00 Uhr).

INFORMATION

Pro Loco di Capua, Piazza dei Giudici, 81043 Capua, Tel. 0823 96 27 29, www.comunedicapua.it

❷ Caserta

Caserta ist eine moderne, relativ laute und volle Stadt ohne besonderen Charme. Man kann sich auf den Palazzo Reale konzentrieren und noch einen Abstecher ins mittelalterliche Caserta Vecchia machen.

SEHENSWERT

Baubeginn des **Palazzo Reale TOPZIEL** war 1752. Da der Bourbone Karl IV. bereits 1759 König von Spanien wurde, überließ er das riesige

Bauprojekt zusammen mit dem Königreich von Neapel und Sizilien seinem Sohn Ferdinand. Die Fassade beeindruckt zwar mit ihren Ausmaßen, wirkt aber recht schlicht und bereitet nicht auf die verschwenderische Pracht im Innern vor. Betritt man den Palast durch den Haupteingang, kommt man bald zu einem der Höhepunkte, der großen Ehrentreppe. Das Hoftheater im Mittelteil des Westflügels ist eine Miniaturausgabe des Teatro di San Carlo in Neapel. Die Palastkapelle wurde auf Wunsch des Bauherrn in Anlehnung an die Schlosskirche von Versailles ausgeschmückt. Das Glanzlicht des Palazzo bilden die historischen Säle, mit feinen Stuck- und Marmorarbeiten, Wandbespannungen aus Seide, wertvollen Spiegeln, Möbeln und Skulpturen. Der Luxus gipfelt im Thronsaal, dessen Decken und Wände zum Großteil vergoldet sind. Der von Vanvitellis Sohn Carlo vollendete, urspr. barocke Park ist für viele der eigentliche Höhepunkt des Palazzo. Auf 120 ha Fläche und einer Länge von 3 km hat Vanvitelli zahlreiche Wasserspiele und Brunnen platziert. Um den enormen Wasserbedarf zu decken, musste ein 38 km langer Aquädukt gebaut werden, dessen Hauptbauwerk die 529 m lange und 56 m hohe Brücke Ponti della Valle bei Maddaloni ist. Der Aquädukt speist den 80 m hohen großen Wasserfall im Park und sorgt dafür, dass die vielen Brunnen richtig zur Geltung kommen (Palast Mi.–Mo. 8.30–19.00 Uhr; Park 8.30 Uhr bis Sonnenuntergang).

RESTAURANT UND HOTEL
Wenige Meter vom Schlosspark entfernt, wartet die **Antica Hostaria Mazza** mit Historie (gegr. 1848) und nicht ganz preiswerten, aber vorzüglichen Menüs auf (Via Mazzini 55, Tel. 0823 45 65 27).
Der Name des **Grand Hotel Vanvitelli**, etwas außerhalb, verspricht nicht zu viel: Vier-Sterne-Komfort, vier Restaurants, eine mit Gold überladene Eingangshalle … (Viale Carlo III, 81100 Caserta, Tel. 0823 21 71 11, www.grandhotelvan vitelli.it).

UMGEBUNG
Nach 10 km auf kurvigen Straßen durch eine hügelige, fruchtbare Landschaft kommt man zum 400 m hoch gelegenen **Caserta Vecchia**.

Bergdorfidyll nordöstlich von Benevent

❸ Benevento

Die Hauptstadt der gleichnamigen Provinz liegt am Zusammenfluss von Sabato und Calore. Als Samniterstadt Maleventum gegründet, wurde sie von den Römern nach dem sprichwörtlichen endgültigen Sieg über den bis dahin erfolgreichen Griechen Pyrrhus („Pyrrhussieg") 275 in Beneventum umbenannt. Dank der Lage an der Via Appia gelangte die Stadt zu Wohlstand, musste sich jedoch auch zahlreichen Fremdherrschern unterwerfen. Aus dieser langen Geschichte sind noch einige bedeutende Bauwerke erhalten geblieben.

„Wie unter einem Brennglas bündelt sich in Kampanien die Geschichte des Abendlandes." Christoph Höcker

Still und friedlich liegt die mittelalterliche Ansiedlung auf einem Hügel oberhalb von Caserta. Nur an Wochenenden wird es voll, wenn die Ausflügler die engen Gassen überfluten. Zu sehen sind die Ruine des Kastells aus langobardischer Zeit (urspr. 9. Jh.) und der Duomo San Michele aus dem 12. Jh., dreischiffig und normannisch-arabisch beeinflusst (8.00–12.00 u. 16.00–20.00 Uhr). **San Leucio** nördl. des Schlossparks war 1776–1861 für seine Seidenproduktion bekannt. Ferdinand IV. meinte es damals gut mit den Arbeitern seiner Königlichen Seidenfabrik; er sorgte für Schulbildung, Kranken- und Altersvorsorge und war damit seiner Zeit weit voraus.
Das heutige **Sant'Agata dei Goti** (nordöstl.) steht auf den Resten des antiken Saticula, einer ursprünglich samnitischen Siedlung. Im 6. Jh. ließen sich hier bei einer Schlacht am Vesuv geschlagene Goten nieder, die dem Ort seinen Namenszusatz gaben. Über einen Viadukt, von dem man einen herrlichen Blick auf die bis an die Abbruchkante gebauten Häuser hat, gelangt man in die Altstadt und zur Hauptstraße Via Roma. Der Bummel durch die engen Gassen, vorbei an Kirchen und Klöstern, ist ein besonderes Erlebnis und versetzt den Besucher scheinbar zurück ins Mittelalter.

INFORMATION
Ente Provinciale per il Turismo, Palazzo Reale, 81100 Caserta, Tel. 0823 32 11 37, www.eptcaserta.it

SEHENSWERT/MUSEEN
Einige Gassen der Altstadt stammen noch aus dem Mittelalter, Reste der Stadtmauer gehen auf die Langobarden zurück. Wahrzeichen der Stadt ist der **Trajansbogen** *(Arco di Traiano)*, der im Jahr 141 am Beginn der Via Traiana errichtet wurde, die Benevento und Brindisi verband. Die gut erhaltenen Reliefs des Triumphbogens illustrieren die Großtaten Kaiser Trajans. Aus römischer Zeit stammt auch das um 200 erbaute **Teatro Romano**, in dem 20 000 Zuschauer Platz fanden; heute wird es wegen seiner guten Akustik für Opern- und Theateraufführungen genutzt (Piazza C. P. Telesino; tgl. 9.00 Uhr bis 1 Std. vor Sonnenuntergang). Der wie die ganze Stadt im Zweiten Weltkrieg stark beschädigte, später wiederaufgebaute romanische **Dom** wurde im 7. Jh. geweiht; aus der Frühzeit blieben noch die Fassade und der Campanile, sehenswert sind die Eingangsportale wegen ihres normannischen Flechtwerks.

MUSEEN
Im ehem. Kloster von **Santa Sofia** ist das **Museo Provinciale del Sannio** untergebracht. Zu sehen sind Keramik- und Bronzefunde aus samnitischer Zeit, römische, ägyptische und hellenistische Plastiken und Statuen sowie mittelalterliche Waffen und Werkzeuge. Unbedingt anschauen sollte man sich auch die Kirche der Abtei (urspr. 8. Jh.); bemerkenswert sind ihr ungewöhnlicher Grundriss und der romanische Kreuzgang aus dem 12. Jh. mit 48 unterschiedlichen Säulenkapitellen auch römischer Herkunft (Piazza Matteotti; Di.–So. 9.00–19.00 Uhr). Das **Museo Arcos** ist im Präfekturpalast untergebracht. Seine wechselnden Ausstellungen widmen sich der zeitgenössischen Kunst der Region (Arte Contemporanea Sannio, Palazzo della Prefettura, Corso Garibaldi; Di.–Fr. 9.00 bis 18.00, Sa./So. 9.00–13.00 und 15.00–18.00 Uhr).

VERANSTALTUNG
Im Sommer findet an verschiedenen Schauplätzen der Altstadt das Musikfestival **Benevento Città Spettacolo** statt.

HOTEL
In ganz zentraler Lage nahe am Trajansbogen bietet das **Hotel Villa Traiano** komfortable Zimmer und eine Dachterrasse mit Blick über die Altstadt (Viale dei Rettori 9, 82100 Benevento, Tel. 0824 32 62 41, www.hotelvillatraiano.it).

UMGEBUNG
Pietrelcina (12 km nordöstl.) steht ganz im Zeichen von Padre Pio. Beim Bummel kommt man an ungezählten Souvenirläden vorbei und kann zudem die Plätze besichtigen, an denen Padre Pio gelebt und gewirkt hat: sein bescheidenes Wohnhaus (tgl. 8.00–19.00/20.00 Uhr) und das Museo di Padre Pio, das Erinnerungsstücke zeigt (Mo.–Sa. 9.00–13.00 u. 15.00 bis 19.00, im Winter bis 18.00, So. 9.00–19.00 Uhr). Das Bergdörfchen **Pietraroja** (westl. Morcone) ist bekannt für seinen vorzüglichen Schinken und durch den Geopaläontologischen Park, in dem bis zu 220 Mio. Jahre alte versteinerte Tier- und Pflanzenreste gefunden wurden; berühmt ist der 1993 entdeckte, 110 Mio. Jahre alte, hervorragend erhaltene, nur 60 cm große Babydino Ciro, der erste Saurierfund in Italien (Sa., So. 10.00–13.00, 15.00–18.00 Uhr).

INFORMATION
Ente Provinciale per il Turismo, Via Nicola Sala 31, 82100 Benevento, Tel. 0824 31 99 11, www.eptbenevento.it; Ufficio Informazioni e di Accoglienza Turistica, Piazza Roma 11, 82100 Benevento, Tel. 0824 31 99 38

Tipp

Oase der Ruhe

Etwas versteckt, abseits der durch die Altstadt von Benevento führenden Hauptstraße Corso Garibaldi, liegt der **Hortus Conclusus**. Einst war es der Garten des Dominikanerklosters, von dem jedoch kaum noch etwas zu sehen ist. Stattdessen beherbergt der Ort nun die eigenwilligen modernen Skulpturen des Künstlers Mimmo Paladino.

INFORMATION
Hortus Conclusus, Vico Noce, Benevento, Di.–So. 9.00–19.45 Uhr

4 Avellino

Im Lauf ihrer Geschichte wurde die naturschön in die Monti Picentini eingebettete Hauptstadt der gleichnamigen Provinz (56 000 Einw.) mehrfach von Erdbeben heimgesucht, das letzte Mal im Jahr 1980. Aus einer römischen Veteranenkolonie (80 v. Chr.) hervorgegangen, entwickelte sich Avellino zu einer blühenden Handelsstadt, die aber nach dem Ende des Römischen Reiches in der Bedeutungslosigkeit versank. Im 6. Jh. gründeten die Langobarden deshalb 3 km westl. eine neue Stadt.

SEHENSWERT/MUSEUM
Das Stadtzentrum um den zentralen Corso Vittorio Emanuele II wirkt ein wenig gesichtslos. Einige vom Erdbeben von 1980 zerstörte Gebäude sind bis heute noch nicht wieder aufgebaut. Der **Dom** hat eine neoklassizistische Fassade (1868), eine romanische Krypta und einen Glockenturm, für den teilweise Baumaterial aus der Antike genutzt wurde. Wahrzeichen der Stadt ist der barocke Uhrturm an der Piazza Amendola. Das im modernen Palazzo della Cultura untergebrachte **Museo Irpino** zeigt archäologische Fundstücke aus dem antiken Abellinum – Mosaiken und Statuen sowie die Rekonstruktion des Grabes eines Stammesführers. Zudem gibt es Keramiken, Porzellan und Gemälde aus dem 17.–19. Jh. und eine neapolitanische Krippe aus dem 18. Jh. zu sehen (Corso Europa; Mo. bis Fr. 9.00–13.00, Di., Do. auch 15.00–17.15 Uhr).

RESTAURANT UND HOTEL
Das **Viva Hotel,** nur wenige Minuten von der Haupteinkaufsstraße entfernt, ist ein modernes Stadthotel mit empfehlenswertem Restaurant (Via Circumvallazione 123, 83100 Avellino, Tel. 0825 2 59 22).

UMGEBUNG
Über eine Serpentinenstraße gelangt man zur 1270 m hoch gelegenen Wallfahrtskirche von **Montevergine.** Der 1124 gegründete Komplex liegt unter dem Gipfel des Monte Partenio inmitten einer schönen Waldlandschaft. Die meistbesuchte Marienwallfahrtskirche Süditaliens besteht aus der im 17. Jh. umgebauten alten Chiesa Vecchia und der reich verzierten neuen Basilika aus dem 20. Jh. Die jährlich über 2 Mio. Pilger kommen, um die *Mamma Schiavona* zu verehren, ein Madonnengemälde aus dem 13. Jh. Außerdem gibt es eine Krippenausstellung (Santuario di Montevergine; Mo., Mi., Fr., Sa. 8.15 bis 13.30, Di., Do. bis 17.15 Uhr). Von **Mercogliano** mit seinem prächtigen Rokoko-Palazzo Abbaziale di Loreto (1750) führt eine Seilbahn in wenigen Minuten hinauf bis zur Wallfahrtskirche von Montevergine. An der Auffahrt zum Montevergine passiert man das Ausflugsrestaurant Da Felice, das seine Gäste drinnen und draußen relativ preisgünstig bewirtet (Tel. 0825 78 94 64).

INFORMATION
Ente Provinciale per il Turismo, Via Due Principati 32, 83100 Avellino, Tel. 0825 7 47 31, www.eptavellino.it

Genießen   Erleben   Erfahren

DuMont
Aktiv

Winterfreuden

Das einzige Skigebiet Kampaniens liegt in den Monti Picentini im Hinterland von Neapel. Im Vergleich zu den Alpen sind die Pisten zwar recht bescheiden, doch die Neapolitaner und auch so manche Familie aus Süditalien lieben das exotische Schneevergnügen.

Mit etwas Glück ist von den Pisten am Lago Laceno an klaren Tagen sogar das Meer zu sehen. Jenseits der bewaldeten Monti Picentini, die immerhin bis knapp 2000 Meter aufragen, liegt die weite Ebene von Paestum und dahinter das glitzernde Meer. Auf den Schnee ist in den Bergen leider nicht immer Verlass. In manchen Jahren liegt er meterhoch und man kann von Dezember bis Anfang Mai die Skier anschnallen. Es kommt aber auch vor, dass die Wintersaison wegen Schneemangel ganz ausfällt.

Auf den Pisten sind die Süditaliener unter sich, denn die ohnehin wenigen ausländischen Touristen, die im Winter nach Kampanien kommen, zieht es wegen des milden Klimas an die Küste, nicht in die schneebedeckten Berge. So herrscht überall typisch italienischer Trubel, auch im Rifugio Amatucci auf dem Gipfel des Raiamagra (1667 Meter). Besonders laut wird es zur Mittagszeit, wenn alle die Skier abschnallen und sich auf das Dreigängemenü stürzen. Nach dem traditionell kargen Frühstück wäre wohl kein Italiener mittags nur mit einem kleinen Snack zufrieden. Erst nach Wein, Likör und Espresso sind alle so weit gestärkt, dass sie wieder die Hänge hinuntersausen können.

Weitere Informationen

Das Hochplateau des Laceno-Sees liegt rund zwei Autostunden von Neapel entfernt auf gut tausend Meter Höhe.

Es gibt fünf Lifte und zwölf Pisten. Infos zum Skigebiet und zu den Schneeverhältnissen unter www.skilaceno.com

Reisen nach Lago Laceno organisiert auch der Kölner Veranstalter Italimar, Tel. 0157 55 23 03 11, www.italimar.com

Italien für Kenner

Salerno ist eine quicklebendige Stadt mit alten Wurzeln und neuen Ideen. Am Südrand der fruchtbaren Seleebene liegen die griechischen Tempel von Paestum, die zu den kostbarsten archäologischen Ausgrabungen Italiens zählen. Weiter südlich beginnt der Cilento, noch kaum bekannt und bisher nur maßvoll touristisch erschlossen. Die Küste lockt mit weißen Stränden, von Wind und Wellen zerfressenen Klippen, sauberem Meer und charmanten kleinen Badeorten. In die Dörfer des Hinterlands verirren sich nur selten Touristen.

Das Gebiet des Nationalparks Cilento und Vallo di Diano lag einst an einer der wichtigsten antiken Handelsrouten des Mittelmeerraums.

Mit dem Untergang des Römischen Reiches ging es auch mit Paestum bergab.

Hera war Gattin des Zeus und schützte die Ehe; ihr wurde der sogenannte Neptuntempel um 450 v. Chr. geweiht. Dahinter sieht man die um das Jahr 560 v. Chr. errichtete „Basilika".

Auch über die Antike wächst langsam Gras: Im Nordosten Salernos blieben an der Via Arce Reste des Aquädukts aus dem 8. und 11. Jahrhundert erhalten.

Säulen aus Paestum tragen seit über 800 Jahren die Bogengänge im Hof des Doms von Salerno.

Archäologisches Museum in Paestum

Special

Das „Grab des Tauchers"

Rund 2500 Jahre alt: Sensationelle Spuren des antiken Griechenlands in Paestum.

Zu den bedeutendsten Exponaten des Archäologischen Museums von Paestum zählen die Fresken aus dem „Grab des Tauchers".
In einer lukanischen Nekropole nahe Paestum entdeckte man ein Grab aus dem Jahr 480 v. Chr. Der Leichnam lag auf einem niedrigen Totenbett, war in ein Schweißtuch und wohlriechende Binden gehüllt. Auf dem Gesicht hatte der Tote eine Maske, im Mund eine Münze, mit der er Charon, den Fährmann zur Unterwelt, bezahlen sollte. Im Museum sind die fünf Steinplatten zu sehen, die die Wände und den Deckel der Totenkammer bildeten. Ihre Innenseiten wurden mit Fresken geschmückt, auf denen der Verstorbene seine Freunde zum Totenmahl einlädt. Auf der Unterseite des Grabdeckels ist ein Jüngling zu sehen, der kopfüber ins Wasser springt – vielleicht der Sprung des Verstorbenen ins Totenreich?

Salerno, das klingt nach Industrie, nach schmuddeligen Hafenkais, nach Verkehrschaos inmitten gesichtslosem Beton. Und so sind diejenigen, die keinen großen Bogen um die Handelsmetropole machen, meist mehr als positiv überrascht von der Stadt. Schon auf den ersten Blick von ihrer Lage, denn die Hauptstadt der Provinz Salerno liegt malerisch eingebettet zwischen Golf und Picentiner Bergen. Schön anzuschauen und wunderbar für einen Spaziergang am Meer geeignet ist der kilometerlange palmenbestandene Lungomare Trieste, der sich vom Hafen bis zu den südlichen Stadtrandgebieten erstreckt. Hinter den Neubauten an der Uferpromenade versteckt sich eine Altstadt, in der noch viele Spuren einer Vergangenheit zutage treten, die von unterschiedlichsten Völkerschaften bestimmt wurde. Hoch über der Stadt thront das Castello di Arechi aus der Normannenzeit. Auch der prächtige Dom geht auf einen Normannen zurück: Robert Guiscard machte Salerno zur Hauptstadt seines Reiches und bescherte ihr eine längere Blütezeit. Damals war Salerno weit bedeutender als Neapel – schon wegen seiner Scuola Medica Salernitana: Im Mittelalter als älteste medizinische Hochschule Europas gegründet, war sie auch Frauen zugänglich und blieb bis 1812 ge-

Ein Tag am Meer: Kultur ist ja gut und schön, aber manchmal muss man auch entspannen können.
Der Strand von Marina di Camerota ist ideal für den Familienurlaub.

Wer den Trubel scheut: Mit dem Boot gelangt man auch an weniger stark frequentierte
Strände und genießt das Bad im kühlen Nass (fast) ganz allein.

An der rauen Küste des Cilento gibt es zahlreiche schöne Badebuchten.

Zum Küstenbild des Cilento gehören bizarre Felsformationen und ungezählte Grotten.

öffnet. Nach dem Zweiten Weltkrieg brachen für Salerno allerdings schwere Zeiten an, hatten die Alliierten die Stadt doch vor ihrem Einmarsch am 8. September 1943 tagelang heftig bombardiert. Zwei Überschwemmungen und das verheerende Erdbeben von 1980 zerstörten weitere historische Bausubstanz. Die Altstadt verfiel, und wenn neue Häuser gebaut wurden, geschah dies planlos. So versank Salerno im Chaos.

Erst in den 1990er-Jahren schaffte ein engagierter Bürgermeister die Wende. Mit der Umsetzung seines ehrgeizigen Städtebauplans beauftragte er den katalanischen Architekten Oriol Bohigas, der bereits Barcelona für die Olympischen Spiele 1992 fit gemacht hatte. Bohigas gelang es innerhalb weniger Jahre, neues Leben in die Gassen der Altstadt zu bringen. Viele sprechen schon von einer zweiten Blütezeit Salernos.

Paestum und die Seleebene

Am südlichen Rand der weiten, landwirtschaftlich intensiv genutzten Seleebene liegen die drei dorischen Tempel von Paestum. Schon aus der Ferne sind die imposantesten Ruinen des antiken Griechenlands auf italienischem Boden auszumachen. Im 7. Jahrhundert v. Chr. gegründet, wuchs die von den Griechen Poseidonia genannte Stadt um den heiligen Tempelbezirk bald zu stattlicher Größe und Bedeutung. Bis heute begeistern die Tempel mit ihren perfekten Proportionen – trotz der vom Zahn der Zeit gezeichneten Travertinsäulen. Wie müssen sie einst erst auf die Bewohner der Stadt gewirkt haben, als sie noch ein Dach trugen und Giebel und Säulen farbenfroh bemalt waren?

Mit dem Untergang des Römischen Reiches ging es auch mit Paestum bergab. Die Stadt wurde aufgegeben und von den mit Feuer und Schwert inthronisierten Herrschern des Mittelalters gnadenlos als Steinbruch für neue Kirchen und Paläste genutzt. Das einst mühsam kultivierte Land verwilderte, Stranddünen verstopften die Mündungen der Flüsse. Diese

In den Bergen: das Castello von Camerota.   Cilento-Landschaft am Monte Gelbison.

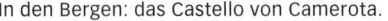

Oma kauft Devotionalien (Padre Pio ist auch dabei), Mutter lacht (greift aber schon nach dem Geldbeutel). Die Tochter sieht sich das alles noch recht gelassen an – und der Jüngste nimmt erst mal den Fotografen ins Visier.

Die Certosa di San Lorenzo in Padula gehört zum Welterbe der UNESCO.

traten über die Ufer und verwandelten die ganze Ebene in ungesunde Sümpfe, aus denen die letzten Bewohner schließlich vor der Malaria flohen. In diesen Zeiten ging sogar die Erinnerung an die Existenz Paestums verloren. Erst im 18. Jahrhundert stieß man dann schließlich beim Bau der Küstenstraße auf die Reste der antiken Siedlung – eine echte archäologische Sensation.

Der alte Mann und das Meer

Als Ernest Hemingway 1950 und 1953 nach Acciaroli kam, wusste niemand in dem kleinen Ort an der cilentanischen Küste, dass er ein berühmter Schriftsteller war. Alle hielten ihn nur für einen verrückten, ständig betrunkenen Amerikaner. Hemingway wohnte bei einem gewissen Signore Masarone, der im Ort unter dem Spitznamen „U'viecchio", der Alte, bekannt war, weil er bereits als Kind wie ein Erwachsener angezogen war. Mit ihm fuhr Hemingway wochenlang zum Fischen hinaus. Viele Literaturwissenschaftler meinen, „U'viecchio" habe dem Literaturnobelpreisträger als Vorbild für die Hauptfigur in seinem auf Kuba spielenden und auch dort geschriebenen Meisterwerk „Der alte Mann und das Meer" gedient. Zumindest entspricht die in dem Buch beschriebene Technik des Fischens der damals in Acciaroli an-

gewandten. Masarone junior, der Sohn von „U'viecchio", der die beiden regelmäßig begleitete und noch heute in dem kleinen Ort lebt, ist jedenfalls ganz fest davon überzeugt.

Acciaroli hat sich seit Hemingways Zeiten kaum verändert. Auch der Palazzo aus Natursteinen, in dem Hemingway einst wohnte, existiert immer noch. Von den Bars kann man die im Hafenbecken dümpelnden Fischerboote oder die Leute bei der Arbeit auf der Werft beobachten.

Von der Küste in die Berge

Die Küste des Cilento zwischen Paestum und Sapri zählt zu den schönsten Italiens.

sich ein neuer Ausblick auf steile Klippen, die ins kristallklare Wasser abfallen, auf kleine mittelalterliche Dörfer, die sich über dem Meer auf einem Felsvorsprung festkrallen, auf das üppige Grün der Berge des Cilento-Nationalparks, aber auch auf herrliche Sandstrände, die sich oft unerwartet malerisch zwischen schroffen Felsen auftun.

Um Ferragosto, also um den Feiertag am 15. August, erwacht auch diese Küste für einige Wochen zu touristischem Leben. Wenn alle Italiener fluchtartig ans Meer strömen, sind auch hier alle Hotels und Ferienhäuser belegt. Doch in den Bergdörfern abseits der Küste, nur über schmale Serpentinenstraßen zu erreichen,

Hemingway hielten alle nur für einen verrückten Amerikaner.

Doch nur wenige kennen die kleinen Orte, die sich entlang der von Wind und Wellen modellierten Küste reihen. Die Küstenstraße zwischen Agropoli, Santa Maria di Castellabate, Ogliastro Marina, Acciaroli, Marina di Casal Velino, Pisciotta Marina, Palinuro und Marina di Camerota ist kurvig und fordert Konzentration. Hinter jeder Biegung eröffnet

herrscht selbst dann paradiesische Stille. Die Berge des Cilento erheben sich über 1700 Meter hoch, mit Waldgebieten aus Kastanien, Buchen und Steineichen, ungebändigten Flüssen in engen Tälern und Schluchten. So ist der Nationalpark Cilento und Vallo di Diano ein Paradies für alle Naturliebhaber und diejenigen, die Italien fernab des Massentourismus suchen.

AGRITURISMO

Im Einklang mit der Natur

Luisa und Giuseppe haben sich ihren Lebenstraum erfüllt. Vor einigen Jahren kauften sie ein Stück Land und bauten in harter Arbeit einen Agriturismo auf. Ihr Traumort heißt „Il Mulino" und liegt einsam an einem grünen Hang, einige Kilometer vom kleinen cilentanischen Städtchen Acciaroli entfernt.

Oben: Sowohl die Olivenernte als auch das Pressen der Oliven ist hier noch Handarbeit. Rechte Seite: als veritables Schmuckstück präsentiert sich das „Il Mulino".

Am südlichen Ortsausgang von Acciaroli muss man von der Küste auf eine winzige Nebenstraße abbiegen, die sich kurvenreich ins grüne Hinterland schlängelt. Nach einigen Kilometern bergauf durch uralte Olivenhaine ist man dann schon mittendrin im *Parco Nazionale del Cilento e Vallo di Diano.* Dann endet die Straße nach drei abschließenden engen Kurven an einem einzelnen Haus. Dies ist also der Agriturismo „Il Mulino".

Mit einem breiten Lachen steht die Hausherrin Luisa vor den Arkaden des Hauses und ruft: *Tutto bene?* Aber ja doch! Schon nach wenigen Minuten fühlt man sich in „Il Mulino" wie zu Hause. Was für ein Plätzchen, was für eine Stille! Der Blick schweift über den grünen Taleinschnitt und trifft nur auf ein paar verstreute Häuser. Erst auf dem gegenüberliegenden Kamm liegt das nächste winzige Dorf.

Luisa und Giuseppe, wie seid ihr gerade auf „Il Mulino" gekommen?

Der Name hat uns so gut gefallen, weil er an die alte Mühle hier erinnert. Er steht für Tradition und Verbundenheit mit diesem Tal. Vor über zwanzig Jahren haben wir das Land gekauft. Anfangs bauten wir nur Feigen und Oliven an, bald ernteten wir aber viel mehr, als unsere Familie verzehren konnte. Deshalb haben wir zunächst Öl und Feigen an Freunde und Bekannte verschenkt. Und die waren so begeistert, dass uns irgendwann die Idee kam: Wieso gründen wir keinen Agriturismo und teilen unsere Leidenschaft für ursprüngliche, saubere Produkte mit Gästen?

Giuseppe, du bist doch eigentlich Fischer. Fährst du noch regelmäßig aufs Meer hinaus?
Leider bleibt mir immer weniger Zeit. Auf den Feldern ist so viel zu tun.

Ihr habt drei Kinder. Glaubt ihr, dass eines davon in eure Fußstapfen tritt, oder ist es ihnen hier draußen dann doch zu ruhig?
Unser Sohn Maurizio liebt die Natur und das Leben hier. Wir hoffen, dass er den Agriturismo weiterführen wird, aber der Wunsch muss aus ihm selbst heraus kommen. Wir werden ihn sicher nicht zwingen.

„Wieso teilen wir unsere Leidenschaft nicht mit unseren Gästen?" – Bei Luisa und Giuseppe geht es ans Eingemachte ...

Luisa, du verwöhnst deine Gäste den ganzen Tag. Dein Essen würde auch jedem Sternerestaurant zur Ehre gereichen. Wo hast du so fantastisch kochen gelernt?
Ich habe – wie fast alle hier – zu Hause kochen gelernt. Das ist die traditionelle Küche des Cilento, so wie sie seit Generationen in dieser Gegend gepflegt wird. Vielleicht hatte ich besonderes Glück, weil meine Mutter und meine Großmutter sehr gute Köchinnen waren. Aber soll ich mal was verraten? Die besten Fischgerichte habe ich von meinem Mann gelernt. Er ist nicht nur leidenschaftlicher Fischer, sondern auch ein guter Koch.

Was baut ihr auf eurem Land an, und was macht ihr alles selbst?
Wir bauen einen einfachen Landwein an, wir haben Feigen, Limonen, Orangen, viele Früchte und Oliven für unser gutes Olivenöl, auf das wir ganz besonders stolz sind. Außerdem machen wir Brot, Käse, Wurst und Süßspeisen. Frische Milch und Eier sind für uns selbstverständlich. Und natürlich darf auch unser selbst gemachter Limoncello nie fehlen.

Was sind eure Pläne für die Zukunft?
Oberhalb unseres Agriturismo wollen wir noch ein paar Zimmer in einem alten Landhaus ausbauen. Den Traum vom Schwimmbad für unsere Gäste haben wir ja schon verwirklicht, aber die Ideen gehen uns sicher trotzdem nicht aus.

Wir bedanken uns für das Gespräch und wünschen euch viel Erfolg für eure weiteren Pläne!

Was, Wo, Wie?

....

Als Landgut bezeichnet sich der **Agriturismo „Il Mulino"** von Luisa und Giuseppe Aceto. Pollica/Caniccio bei Acciaroli, Mobil 0039 347 9 17 41 53, www.agriturismoilmulino.com

Buchen sollte man „Il Mulino" der Einfachheit halber über **Italimar**, damit es keine Sprachprobleme gibt. Postfach 42 03 83, 50897 Köln, Tel. 0157 55 23 03 11, www.italimar.com

Mozzarella di Bufala: Im Idealfall – wenn er also, wie der Name sagt, wirklich aus Büffelmilch hergestellt wurde – schmeckt er am besten mit ganz einfachen, aber feinen Zutaten. Ein paar Tropfen Olivenöl und Tomaten, die nicht im Treibhaus gezogen wurden, dazu Salz, Pfeffer – fertig!

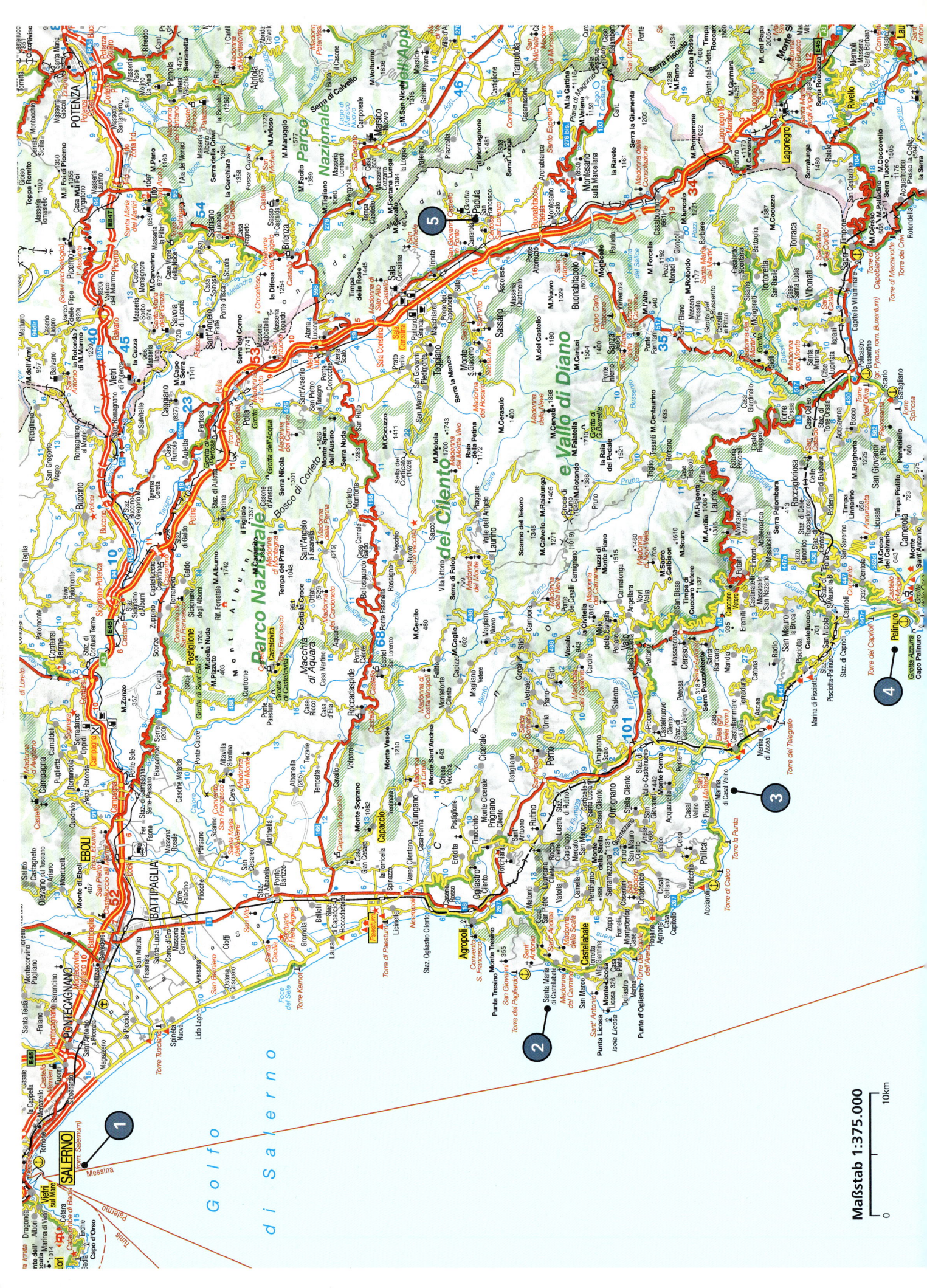

Maßstab 1:375.000

0   10km

Es gibt noch viel zu entdecken

Der Süden Kampaniens ist etwas für Genießer und Sportliche. Aus ehemaligen Fischer-nestern wurden überschaubare Ferienorte mit schönen Sandstränden und manch interessantem Restaurant. Im Juli und August ist die Küste recht gut besucht, in der Nebensaison herrlich friedlich. Im Hinterland warten kleine Dörfer und hohe Berge auf Entdecker.

❶ Salerno

Für die Hauptstadt der gleichnamigen Provinz sollte man sich mindestens einen Tag Zeit nehmen – zum Kastell hinaufgehen, dann durch die Altstadt schlendern und am Lungomare den Blick aufs Meer genießen. Die etruskische Gründung des 6./5. Jh. v. Chr. wurde 197 v. Chr. von den Römern erobert, bis zum 7. Jh. gefolgt von Ostgoten und Langobarden. Eine Blüte brachten die Normannenherrscher im 11. und 12. Jh., Salerno war zeitweise ihre Residenz. Später verlagerte sich das Machtzentrum Süd-italiens nach Neapel, der ewigen Rivalin.

SEHENSWERT

In luftiger Höhe thront das **Castello di Arechi** 300 m über der Stadt. Byzantiner begannen mit dem Bau, der Langobardenprinz Arechi II. gab ihm den Namen und das heutige Aussehen. Nördl. der Burg hat man vom Aussichtsturm Bastiglia einen weiten Blick (Via Benedetto Croce; Di.–So. 9.00–19.00 Uhr). Eine Stadtbe-sichtigung kann an der Piazza Vittorio Veneto beginnen und dann über die verkehrsberuhigte Einkaufsstraße Corso Vittorio Emanuele II zur Via dei Mercanti in der Altstadt führen.
Der **Duomo San Matteo** wurde Ende des 11. Jh. im arabisch-normannischen Stil vollendet; der Glockenturm auf der Südseite stammt aus dem 12. Jh. Bemerkenswert sind das byzantinische Bronzetor, die Mosaikfußböden sowie einige Grabmäler (Piazza Alfano I; tgl. 9.30–18.00 Uhr). Eine grüne Oase am westl. Altstadtrand ist der **Giardino della Minerva** (Via Ferrante San Se-verino 1; Di.–So. 10.00–13.00, 17.00–20.00 Uhr).

MUSEEN

Das **Archäologische Museum** zeigt Fundstücke aus der ganzen Provinz Salerno (Museo Archeo-logico, Via San Benedetto; Mo.–Sa. 8.00–19.30, So. 9.00–13.00 Uhr), das **Museum der Medizin-schule** in der ehem. Kirche San Gregorio histo-rische Manuskripte aus der Blütezeit der Schule (Museo della Scuola Medica Salernitana, Via dei Mercanti 72; Di., Mi. 9.30–13.00, Do.–Sa. auch 17.00 bis 20.00, So. 10.00–13.00 Uhr), die **Pinakothek** im Palazzo Pinto Bilder von der Renaissance bis zum 20. Jh. (Via dei Mercanti 63; Di.–So. 9.00 bis 19.45 Uhr).

EINKAUFEN

In der **Casa del Parmigiano** bekommt man herzhafte italienische Köstlichkeiten – Käse,

Oben: Heratempel in Paestum. Rechts: Ein Löwe
(11. Jh.) wacht am Dom von Salerno.

Schinken, Wein und vieles mehr, alles in ausgesuchter Qualität (Via Portanova 18). Für diejenigen, die es lieber süß mögen, ist die **Konditorei Pantaleone** seit 1868 die erste Adresse (Via dei Mercanti 75; Di. geschl.).

UMGEBUNG

Paestum TOPZIEL (30 km südöstl.), in der Antike nach dem Meeresgott Poseidonia benannt, zählt wegen der gut erhaltenen Tempel zu den bekannten und wertvollen archäologischen Ausgrabungsstätten Italiens. Das Areal, nur teilweise ausgegraben, ist noch von einer 4,75 km langen Stadtmauer umgeben. Der älteste Tempel aus dem 6. Jh. v. Chr. wurde zuerst irrtümlicherweise für eine Basilika gehalten, war aber der Göttin Hera gewidmet. Ihr zu Ehren entstand rund 100 Jahre später auch der jüngste, größte und am besten erhaltene Tempel – irreführenderweise Neptuntempel genannt. Am Nordende der Via Sacra erhebt sich der Ce-restempel, der aber wohl Athene geweiht war. Im Archäologischen Museum auf der anderen Straßenseite sind die wichtigsten Funde aus Paestum ausgestellt; bemerkenswert die gut erhaltenen Grabmalereien (Museo Archeolo-gico Nazionale, Via Magna Grecia, www.info paestum.it; Ausgrabungen: tgl. 8.45 Uhr bis

1 Std. vor Sonnenuntergang, Museum: tgl. 9.00–18.45 Uhr).

INFORMATION

Ente Provinciale per il Turismo, Via Velia 15, 84100 Salerno, Tel. 089 23 04 11, www.eptsalerno.it

❷ S. M. di Castellabate

An einer sanft geschwungenen Bucht findet sich Santa Maria di Castellabate, einer der beliebtesten Badeorte des gesamten Cilento. Die Altstadt liegt direkt am Meer, die Strände werden teils malerisch von den alten Häusern des Ortes eingerahmt. Eine lange Fußgängerzone lädt zum Bummeln ein, schöne Villen zeugen vom Wohlstand der Bewohner.

SEHENSWERT

Einen Besuch lohnen die Kirchen **Santa Maria Assunta** und die am Meer gelegene **Santa Maria a Mare.** Lohnend ist auch der Abstecher über eine Serpentinenstraße hinauf nach **Castellabate,** das eine der ursprünglichsten Altstädte im gesamten Cilento besitzt. Mitten im Gassengewirr liegt die **Basilica Romanica di Santa Maria de Giulia** und nur wenige Schritte entfernt das **Museo d'Arte Sacra** (Via Guglielmo Normanno; tgl. 17.30–20.00 Uhr).

RESTAURANTS

In traumhafter Lage direkt am Strand von Ogliastro Marina (südl.) bekommt man im **Il Cefalo** raffinierte Fischspezialitäten serviert (unterhalb der kleinen Piazza und der Kirche, Tel. 0974 96 30 19, www.ilcefalo.it). Das **Da Carmine** steht seinem Nachbarn „Il Cefalo" in nichts nach (Tel. 0974 96 30 23, www.albergodacarmine.it).

UMGEBUNG

Agropoli (15 km nördl.), von Griechen oder Byzantinern gegründet, wurde auf einem strategisch günstigen Hügel errichtet. Reste der Stadtmauer, das Stadttor und das Castello an höchster Stelle stammen noch aus der Frühzeit der Stadt, die sich erst im 19. Jh. über die Grenzen der Stadtmauer ausdehnte. Heute ist Agropoli wegen der Strände zu beiden Seiten des Hügels beliebter Urlaubsort.

INFORMATION

Consorzio Turistico, Via Pagliarola 9, 84048 Santa Maria di Castellabate, Tel. 0974 96 15 41, www.comune.castellabate.sa.it

---

Tipp

Nur der Alfa ist Romeo

Italimar hat den Klassiker wiederbelebt und bietet beim Mieten des Autos zudem ein ausführliches Roadbook an, in dem alle Sehenswürdigkeiten des auch abseits der Hauptrouten sehenswerten Cilento enthalten sind. Auf **Tagestouren im Cabrio-Klassiker** kann man jeden Winkel des Cilento erkunden. Übernachtet wird auf den Landgütern „I Fornari", „Zio Cristofero", „Il Mulino", „Le Favate" oder im Hotel „Il Porto" in Marina di Casal Velino. Italimar hat auch andere Oldtimer im Angebot, etwa den Fiat 500.

Infos bei Italimar, Postfach 42 03 83, 50897 Köln, www.italimar.com

Links: Die Grotten am zerklüfteten Kap von Palinuro sind ein Paradies für Taucher. Oben: die Küche der Abtei von Padula.

③ Casal Velino

Durch seine zentrale Lage bietet sich der charmante Ferienort Casal Velino als Standquartier für eine Erkundung von Küste und Binnenland an. Wie viele Orte an der Küste besteht er aus einem älteren Teil in den Bergen und einer jüngeren Siedlung am Meer. Casal Velino Paese, vor rund 2500 Jahren gegründet, bietet einen fantastischen Blick über die Küste und das angrenzende Bergland und verzaubert Besucher mit seinen engen Gassen. Marina di Casal Velino ist dank seines 7 km langen Sandstrands das touristische Zentrum. Um den alten Sarazenenturm direkt am Meer gruppieren sich zahlreiche Sommerhäuser und eine Piazza mit Restaurants und Café.

RESTAURANTS UND HOTELS

Die **Locanda Le Tre Sorelle** im Hauptort von Casal Velino zelebriert italienische Esskultur, wie man es sich wünscht (Via Roma 48, Tel. 0974 90 20 24); wem es gefallen hat, der kann in einem der Appartements übernachten. Im Restaurant des Hafenhotels **Il Porto** sitzt man gemütlich unter einer bewachsenen Pergola (Marina di Casal Velino, Via Lista 42, Tel. 0974 90 74 44). Die 10 Ferienwohnungen der ruhigen Anlage **Domus Olearia** befinden sich inmitten eines 4000 m² großen Parks mit alten Olivenbäumen, nur 300 m vom Strand – ideal für Familien (Marina di Casal Velino, Tel. 0157 55 23 03 11, www.italimar.com).

UMGEBUNG

Südöstl. liegt **Velia**, das auf die um 540 v. Chr. gegründete griechische Siedlung Elea zurückgeht. Im Altertum war Elea Treffpunkt einer philosophischen Elite. In Vergessenheit geraten, begannen erst 1927 erste Ausgrabungen, die nur einen Bruchteil der antiken Siedlung ans Tageslicht gebracht haben. Auf dem weitläufigen Gelände gibt es Reste eines ionischen Tempels, eines Theaters, die gut erhaltene Porta Rosa und auf einem Hügel die Ruine einer Burg aus dem 16. Jh. zu sehen (9.00 Uhr–1 Std. vor Sonnenuntergang). **Pioppi** (westl.) besitzt eine nette Strandpromenade, eine palmenbestandene Piazza und einige feudale Häuser; im Palazzo Vinciprova aus dem 17. Jh. ist ein kleines Meeresmuseum untergebracht. **Acciaroli**, noch einige Kilometer weiter, ist durch den Aufenthalt Hemingways bekannt geworden; in der Umgebung gibt es lange Sandstrände.

④ Palinuro

Glaubt man den Erzählungen des römischen Dichters Vergil, dann schlief Äneas' Steuermann Palinuro während der Arbeit ein und fiel ins Meer. Er konnte sich zwar ans Ufer retten, wurde dann jedoch von kriegerischen Einheimischen getötet. Wohl nach dieser Legende erhielt das ins Meer vorspringende Capo Palinuro seinen Namen. Es fällt steil ins Meer ab und bietet nur wenige Bademöglichkeiten. Besuchenswert ist die nur mit dem Boot zu erreichende Spiaggia del Buondormir, der „Strand zum guten Schlaf". Wer baden möchte: Entlang der Küste gibt es überall kleine schöne Strände. Selbst um den Porto Turistico von Palinuro sind einige Meter Sandstrand zu finden.

SEHENSWERT

Die Steilküste am Kap ist von Wind und Wellen zerfressen wie ein Schweizer Käse, in ihr verstecken sich mehr als 30 teils spektakuläre Grotten. Die bekannteste ist die **Grotta Azzurra,** die es durchaus mit ihrer berühmteren Schwester in Capri aufnehmen kann. Allerdings muss man hier nicht Schlange stehen und kann sich das Naturschauspiel ganz in Ruhe ansehen. Besichtigungstouren per Boot starten regelmäßig im Hafen. Etwas versteckt in der Nähe der Mündung des Mingardo und nur zu Fuß zu erreichen, liegt der **Arco Naturale,** ein großer Natursteinbogen, durch den man zu einem weiteren sehenswerten Strand gelangt.

UMGEBUNG

Das nördl. gelegene **Pisciotta** besteht aus den Ortsteilen Marina am Meer und Paese im Binnenland. Marina di Pisciotta ist ein kleiner verschlafener Fischerort mit einigen Lokalen und Übernachtungsmöglichkeiten. Das mittelalterliche Pisciotta Paese liegt malerisch auf einem Felskamm, umgeben von Olivenhainen. Auch das südl. gelegene **Camerota** besteht aus zwei Ortsteilen. Der ältere liegt rund 300 m hoch in den Bergen um ein mittelalterliches Kastell. Marina di Camerota ist ein lebendiger Badeort, der von der Attraktivität der umliegenden Sandstrände lebt.

⑤ Padula

Wer bei der Abtei vor den Toren der Stadt an ein einfaches Kloster denkt, wird von ihrer

Größe überrascht sein. Auch im Innern erinnert die Unterkunft der Kartäuser eher an eine Fürstenresidenz – ein Umstand, der ihr den Status eines UNESCO-Welterbes einbrachte. Die Certosa di San Lorenzo wurde im Jahr 1306 von Tommaso Sanseverino, dem Grafen von Marsico, gegründet und dem Kartäuserorden als Geschenk überlassen (1866 aufgehoben, heute Kulturzentrum).

SEHENSWERT
Das Kernstück der prachtvoll barockisierten **Certosa di San Lorenzo** TOPZIEL bildet der Innenhof mit einem der weltweit größten Kreuzgänge (84 Säulen). Jeder Mönch lebte komfortabel in zwei Räumen mit direktem Zugang zum Klostergarten. Die gut ausgestattete Küche lässt zudem vermuten, dass im Kloster niemand darben musste. Ein filigranes Schmuckstück ist die Marmorwendeltreppe, die zur Bibliothek führt, unbedingt sehenswert auch die Kirche mit prunkvollen Barockaltären, dem Majolika-Fußboden und dem mit Schnitzereien verzierten Chorgestühl (tgl. 9.00–20.00 Uhr).

UMGEBUNG
Nordwestl. bei Polla ist die **Grotta di Pertosa** zu finden, eine der größten und schönsten Höhlen in ganz Süditalien. Auf Flößen fährt man in die mehr als 2 km lange Höhle ein und geht dann weiter zu Fuß zu einem unterirdischen Wasserfall. Am Ostermontag pilgern viele Gläubige aus der gesamten Region zur Grotte, um die Statue des Erzengels San Michele zu ehren (www.grottedipertosa-auletta.it; März–Okt. tgl. 9.00–19.00, sonst 10.00–16.00 Uhr, Führungen zur vollen Stunde).
Mit einer Fläche von 181 km² gehört der **Parco Nazionale del Cilento e Vallo di Diano** zu den größten des Landes; in seinen 86 Gemeinden leben nur rund 230 000 Menschen, sechs Gipfel sind über 1700 m hoch, und im Karst verbergen sich mehr als 200 Höhlen.
Von Marina di Casal Velino benötigt man mit dem Auto über Vallo della Lucania knapp eine halbe Stunde bis zum mittelalterlichen Dorf Novi Velia. Von hier sind es noch 16 km zum **Monte Gelbison** (1705 m), der höchsten Erhebung des gesamten Cilento. Auf dem Gipfel des auch „Monte Sacro" genannten Berges steht ein Kloster, über dem nachts ein großes Kreuz weithin sichtbar leuchtet.
Ebenfalls relativ einfach von der Küste zu erreichen und ein lohnendes Ausflugsziel ist das alte Dorf **Stella** an den Hängen des 1131 m hohen **Monte della Stella**. Am Nordwestrand des Nationalparks befindet sich die mehr als 4 km lange Tropfsteinhöhle **Grotta di Castelcivita** beim gleichnamigen malerischen Ort (rund 45 km nordöstlich von Paestum; April bis Sept. Führungen um 10.30, 12.00, 13.30, 15.00, 16.30 und 18.00, März, Okt. um 10.00, 12.00, 13.30 und 15.00 Uhr).

INFORMATION
Pro Loco,
Via Italo Balbo 45,
84034 Padula,
Tel. 0975 77 86 11

Genießen   Erleben   Erfahren

DuMont Aktiv

Zu den Grotten von Palinuro

In der zerklüfteten Küste um das Kap von Palinuro verbergen sich ungezählte Grotten. Zu ihnen gelangt man mit kleinen Booten, die mehrmals täglich vom Hafen von Palinuro aus starten. Es werden aber auch Tauchausflüge für Anfänger und Fortgeschrittene zu einigen der mehr als dreißig Unterwassergrotten angeboten.

Gemächlich tuckert das kleine Boot aus dem Hafen von Palinuro. Bald darauf fährt es dicht an den zerklüfteten, senkrechten Felswänden des Kap Palinuro entlang, ein Anblick, der besonders am späten Nachmittag bei tief stehender Sonne begeistert. Dann geht es zur Grotta Azzura, die kaum weniger spektakulär ist als die viel berühmtere Blaue Grotte von Capri. Doch in der Grotta Azzura von Palinuro herrscht viel weniger Trubel als auf Capri, und so kann man das Farbenspiel in Ruhe genießen. Ein weiteres beliebtes Ziel ist die Grotta di Cala Fentente, die durch einen schwefelhaltigen Zufluss einen penetranten Geruch verströmt.

Die Grotta del Sangue, die Blutgrotte, verdankt ihren Namen einer Alge, die die Wände leuchtend rot färbt. In der Grotta della Ossa haben schon in der Steinzeit Menschen Zuflucht gefunden. Heute ist die Grotte wegen ihrer Stalagmiten und Stalaktiten bekannt. Wissenschaftliche Untersuchungen an einem über 10 000 Jahre alten Stalagmiten, der aus rund 50 Meter Tiefe geborgen wurde, haben gezeigt, dass der Meeresspiegel in dieser Zeit um 50 Meter angestiegen ist. Einige dieser Unterwassergrotten können auch von Anfängern auf geführten Tauchgängen erkundet werden, andere bleiben erfahrenen Profis vorbehalten.

Weitere Informationen

Die Tauchschule am Hafen von Palinuro besitzt langjährige Erfahrung und bietet Kurse für Anfänger und Fortgeschrittene, geführte Tauchgänge, Padi-Ausbildung sowie spezielle Kurse für das Höhlentauchen.

Palinuro Sub Diving Center
Tel. 0974 93 85 09
www.palinurosub.it

Infos und Buchung von Tauchgängen auch über www.italimar.com

Oben: Marina di Sancio Cattólico auf der Insel Procida. Rechts: Mit diesen einfachen Mini-Taxis kann man dort dann auch gleich die Gegend erkunden.

Service

Praktische Informationen für die Reise und einiges Wissenswerte über den Golf von Neapel und Kampanien.

Anreise

Auto: Süditalien ist bequem über gut ausgebaute Autobahnen zu erreichen, die allerdings gebührenpflichtig sind. Die schnellsten Verbindungen führen über den Brenner in Österreich und Italien, die Tauernautobahn in Österreich oder den Gotthard-Tunnel in der Schweiz. Via Bologna und Florenz erreicht man schließlich Rom und Neapel. Für die Anreise sollte man etwa zwei Tage kalkulieren. Von Neapel ist es noch rund eine Stunde nach Salerno und an die Amalfiküste sowie eine weitere Stunde bis in den Cilento.

Bahn: Von Deutschland, Österreich und der Schweiz sind Rom und Neapel mit EC-Zügen zu erreichen. Der Nachtzug benötigt von München rund 15 Std. Von Neapel aus führen weitere EC-Verbindungen direkt an die Amalfiküste und in den Cilento. Infos zu Bahnverbindungen unter www.bahn.de und www.ferro viedellostato.it.

Flugzeug: Nie waren Flüge nach Italien so günstig wie heute. Auf den Strecken von Deutschland nach Italien tummeln sich mittlerweile auch die Billigflieger, allen voran Easyjet, was die Flugkosten pro Strecke nach Neapel zeitweise schon auf 19,90 € gedrückt hat. Gegenwärtig teilen sich folgende Anbieter den Markt (ohne Anspruch auf Vollständigkeit): Easyjet fliegt täglich von Berlin nach Neapel (www.easyjet.com), Air Berlin z. B. von Berlin, Frankfurt, Hannover, Köln, München, Stuttgart (www.airberlin.com), Lufthansa (www.luft hansa.com) und TUIfly (www.tuifly.com). Der Flughafen Capodichino liegt nur 6 km von Neapel entfernt, regelmäßig verkehrende Flughafenbusse benötigen 30 Min. ins Zentrum und fahren auch weiter bis zum Fährhafen.

Auskunft

Allgemein: Italienische Zentrale für Tourismus ENIT, Büro Frankfurt: Barckhausstraße 10, 60325 Frankfurt am Main, Tel. 069 23 74 34, www.enit-italia.de.

Regional: Jeder größere Touristenort besitzt mindestens ein offizielles Informationsbüro. Dabei unterscheidet man zwischen Azienda Autonoma di Cura e Soggiorno e Turismo (A. A.), Azienda di Promozione Turistica (APT) und Pro Loco (lokales Infobüro). Die Ausstattung der Büros mit Karten und Broschüren ist von Ort zu Ort unterschiedlich, manchmal ein

Info

Daten & Fakten

Landesnatur: Kampanien wird im Nordwesten von Latium, nordöstlich von Molise, östlich von Apulien, südöstlich von der Basilicata und vom Tyrrhenischen Meer begrenzt. Die Hauptstadt der Region ist Neapel. Kampanien ist die am dichtesten besiedelte Region Italiens. Ein Drittel der Fläche besteht aus Gebirge, die Hälfte aus Hügellandschaft und der Rest aus fruchtbaren Tiefebenen. In Europa gibt es kein Gebiet, das mehr Vulkane besitzt; die größten davon findet man im Nationalpark Vesuvio. Der lang gestreckte Küstenstreifen Kampaniens beginnt an der Mündung des Garigliano im Norden und endet am Golf von Policastro im Süden. Er besteht aus langen Sandstränden, aber auch felsigen Abschnitten. Im Bergland gibt es zahlreiche Grotten, die bekanntesten sind die von Pertosa und Castelcivita. Kampanien besitzt drei große Flüsse (Sele, Volurno und Garigliano), die ins Tyrrhenische Meer münden; der Volturno ist mit rund 175 km Länge der wichtigste Fluss in Süditalien.

Klima: Das Klima Kampaniens ist mediterran mit heißen, trockenen Sommern und milden, feuchten Wintern. In den Bergen im Hinterland von Neapel und im Nationalpark Cilento wird es im Winter ziemlich kalt, in höheren Lagen fällt sogar Schnee. Die höchsten Berge sind von Dez. bis April mit Schnee bedeckt. Die Durchschnittstemperaturen liegen in den Küstenregionen im Winter bei 11 °C, im Sommer bei 26 °C.

Basisdaten

Größe: 13 595 km2 (Kampanien)
Provinzen: Neapel, Avellino, Benevento, Caserta. Seit geraumer Zeit wird über die Abschaffung der Provinzen und die Zusammenfassung der Verwaltung unter dem Dach der Metropole Neapel diskutiert.
Einwohner: 5,7 Mio., davon rund 3 Mio. in der Provinz Neapel und knapp 1 Mio. in der Stadt Neapel
Bevölkerungsdichte: in der Provinz Neapel 2600 Einw./km², in der Stadt Neapel über 8000 Einw./km², in einigen Vororten noch erheblich höher
Sprache: Italienisch
Konfessionen: überwiegend römisch-katholisch

Galleria Umberto I: Neapel ist das Zentrum des italienischen Südens.

wenig dürftig. Die Mitarbeiter versuchen aber in jedem Fall weiterzuhelfen, mit Deutsch oder Englisch kommt man meistens relativ gut zurecht. Touristenbüros dürfen aus Wettbewerbsgründen keine Hotelempfehlungen aussprechen oder Buchungen vornehmen. In der Hauptsaison sind die meisten Büros durchgehend, in der Regel Mo.–Fr. 9.00–19.00 Uhr und Sa. vormittags geöffnet. In der Nebensaison sind kleinere Büros ganz geschlossen, die anderen haben verkürzte Öffnungszeiten und eine Mittagspause. Das Auffinden der jeweiligen Informationsbüros ist oft nicht ganz einfach, denn mit der Beschilderung in den Orten wird sparsam umgegangen.

Autofahren

Autofahrer benötigen einen **Führerschein,** am besten den **EU-Führerschein** im Scheckkartenformat, sowie den **Fahrzeugschein.** Die Mitnahme einer gültigen **Grünen Versicherungskarte** wird dringend empfohlen; sie gilt als Versicherungsnachweis und erleichtert bei einem Unfall die Abwicklung.
Es gelten folgende Tempolimits: PKW innerorts 50 km/h, außerorts 90 km/h, auf Schnellstraßen 110 km/h, auf Autobahnen 130 km/h (110 km/h bei Regen). Auf dreispurigen Autobahnen wird nach und nach ein Tempolimit von 150 km/h eingeführt. Für Wohnmobile unter 3,5 t gelten die gleichen Geschwindigkeitsbegrenzungen wie für PKW, über 3,5 t außerorts und auf Schnellstraßen 80 km/h, auf Autobahnen 100 km/h.
Die Bußgelder für Verkehrsverstöße wurden teilweise drastisch angehoben. Besonders während der Hauptreisemonate ist mit häufigen Kontrollen zu rechnen.
Auch tagsüber muss mit **Abblendlicht** gefahren werden. Das **Telefonieren** am Steuer mit dem Handy ist auch in Italien mittlerweile verboten. Im **Kreisverkehr** gilt prinzipiell die Rechts-vor-links-Regel, also hat das einfahrende Fahrzeug Vorfahrt. Alle italienischen **Autobahnen** sind gebührenpflichtig. Beim **Parken** ist zu beachten: An weißen Bordsteinstreifen kann umsonst geparkt werden, an blauen Streifen ist das Parken gebührenpflich-

tig, an schwarz-gelben Streifen ist es verboten. Die **Promillegrenze** liegt bei 0,5. Autofahrer müssen eine **Warnweste** mitführen.
In Neapel ist der Verkehr absolut chaotisch, deshalb sollte man den Wagen möglichst abstellen und die öffentlichen Verkehrsmittel benutzen. Auch in anderen Städten und auf der Amalfitana wird man mit ziemlicher Sicherheit im Stau stehen. Auf den Autobahnen kommt man dagegen fast immer zügig voran. Verkehrsregeln werden von den Neapolitanern nur bedingt eingehalten, mit Überraschungen ist deshalb immer zu rechnen. Parkschäden sind an der Tagesordnung und werden praktisch nicht zur Kenntnis genommen.

Camping

Das Angebot an Campingplätzen ist recht unterschiedlich. An der Küste gibt es eine große Auswahl an Plätzen, eine Ausnahme bildet die Amalfiküste, die Campern die kalte Schulter zeigt. Auf Capri ist Zelten verboten, auf Ischia gibt es ebenso wie auf Procida einige wenige Plätze. Im Juli und August sind wegen der italienischen Sommerferien alle Campingplätze bis auf den letzten Quadratmeter belegt, dann ist es eng und laut. Außerhalb dieser Zeit ist Campen ein Vergnügen. Nähere Informationen bekommt man beim italienischen Campingverband Confederazione Italiana Campeggiatori (Via Vittorio Emanuele 11, 50041 Calenzano (FI), Tel. 055 88 23 91, www.federcampeggio.it).

Einreise

Erwachsene benötigen einen Personalausweis oder Reisepass, auch Kinder brauchen eigene Reisepapiere.

Essen und Trinken

Pizza, Pasta, Gemüse, Fisch, Fleisch und Süßspeisen bekommt man überall – die Küche Kampaniens ist ausgezeichnet und abwechslungsreich. Das Frühstück fällt karg aus, das Mittagessen (*pranzo*) ist dann schon eine aus-

gewachsene Mahlzeit, so richtig geschlemmt wird jedoch meistens abends (*cena*), üblicherweise nicht vor 20.00 Uhr. Nur die Pizza ist allein als vollwertige Mahlzeit anerkannt, ansonsten bestellt man ein Menü. Es beginnt mit der Vorspeise (*antipasto*). Dann folgt der erste Gang (*primo*); in Frage kommen Nudeln, Suppe oder Reis. Der zweite Gang (*secondo*) bringt dann den Höhepunkt, meist Fisch oder Fleisch, wobei die Beilagen extra bestellt werden. Zum Nachtisch gibt es *frutta* oder *dolce*. Abgerundet wird das Essen schließlich mit einem *caffè*. Nicht jedes Essen ist so üppig, aber *primo* und *secondo* müssen schon sein. Dass das nicht ganz billig ist, liegt auf der Hand. Deshalb bieten einige Restaurants relativ preiswerte Touristenmenüs an, bei denen man aber in der Regel nicht unbedingt ein Gourmeterlebnis erwarten darf. In fast allen Restaurants ist es üblich, dass man am Eingang wartet, bis man an einen Tisch geleitet wird.

Tipp

Preiswert reisen

. . . .

Die **Campania ArteCard** ist ein Kombiticket für ermäßigten Eintritt in Museen und kulturelle Attraktionen. Wer vorhat, relativ viele Museen mit teuren Eintritten zu besichtigen, wie das Museo Archeologico Nazionale, Museo di Capodimonte, Certosa, Museo di San Martino, Palazzo Reale, Musei civici di Castelnuovo oder Castel Sant'Elmo, für den ist die Campania ArteCard empfehlenswert. Die Benutzung der öffentlichen Verkehrsmittel ist im Preis inbegriffen. Bei Theatervorführungen gibt es mit der Karte oftmals einen Preisnachlass. Des Weiteren erhält man Vergünstigungen bei Führungen. Auf Fähren (*Traghetti*) und bei Parkgebühren gibt es ebenfalls einen Rabatt. Die ArteCard gibt es für verschiedene Regionen: Neapels Zentrum, Neapel und Phlegräische Felder, Neapels Festungen, Sehenswürdigkeiten aus bourbonischer Zeit, archäologische Stätten am Golf und Cilento. Sie gilt jeweils 3 Tage und kostet zwischen 12 und 32 Euro. Außerdem gibt es noch Karten, die 3 bzw. 7 Tage gültig sind (32 bzw. 34 Euro); damit kann man 2 bzw. 5 Sehenswürdigkeiten am Golf von Neapel umsonst und die restlichen mit 50 % Ermäßigung besichtigen. Wer häufig in die Region reist, kann auch eine ArteCard fürs ganze Jahr (43 Euro) erwerben. Mit dieser ArteCard, die u. a. am Flughafen, in Bahnhöfen, in Reiseagenturen, Museen und größeren Hotels erhältlich ist, spart man sich auch das Schlangestehen an den Museumskassen.

www.artecard.it

Oben links: Zitronenseife ist ein beliebtes Mitbringsel. Oben: auf Shoppingtour in Positano an der Amalfiküste.

Info

Geschichte

8.–6. Jh. v. Chr.: Griechische Kolonisten auf der Insel Ischia gründen die Siedlung Pithekussai, danach auf dem Festland Kyme (Cumae), Paestum, Elea und Pozzuoli sowie die „Neue Stadt" Neapolis.
4. Jh. v. Chr.: Die griechischen Städte werden romanisiert, die reiche Oberschicht errichtet für sich herrschaftliche Villen.
79 n. Chr.: Beim Ausbruch des Vesuvs werden Pompeji, Herculaneum und Stabiae unter Lava und Asche begraben. Schon 62 n. Chr. hatte es ein schweres Erdbeben gegeben.
476: Im Castel dell'Ovo in Neapel stirbt mit Romulus Augustulus der letzte Kaiser des Weströmischen Reiches. In der Folgezeit erobert das oströmische Byzanz große Teile des Mittelmeerraums.
920: Gründung der Seerepublik Amalfi.
11.–13. Jh.: Normannen und Staufer herrschen in Süditalien und formen das Gebiet zu einer politischen Einheit.
13. Jh.: Unter den aus Frankreich stammenden Anjou wird Neapel Hauptstadt des Königreichs Sizilien. (Ihnen folgt weitere Fremdherrschaft: 1442 die katalanischen Aragonesen, 1504 spanische Habsburger und 1734 eine Linie der französischen Bourbonen.)
1294–1313: Bau des Doms San Gennaro in Neapel.
1656: Durch eine Pestepidemie wird rund ein Drittel der Bevölkerung Neapels getötet.
1745: Erste Ausgrabungen in Pompeji auf Veranlassung von Karl III. von Bourbon.
1748–1860: Das Ende der Bourbonenzeit naht mit dem Vormarsch Garibaldis. In einer Volksabstimmung wird der Anschluss Neapels an den neuen Nationalstaat Italien beschlossen.
1869: Beginn der systematischen Ausgrabungen in Pompeji.

1943: Während der sogenannten Quattro Giornate di Napoli setzt sich die Stadt erfolgreich gegen italienische Faschisten und deutsche Nazis zur Wehr.
1980: Ein Erdbeben richtet in ganz Kampanien schwere Schäden an. Auch die freigelegten Gebäude von Pompeji werden durch die Erdstöße beschädigt. Der Wiederaufbau geht nur schleppend voran.
1993: Antonio Bassolino wird mit großer Mehrheit zum Bürgermeister von Neapel gewählt und leitet die Erneuerung der Stadt ein. Mit der G-7-Konferenz 1994 wird der Kampf gegen das organisierte Verbrechen und die Camorra verstärkt.
1995–1997: Neapel, Amalfi, Herculaneum und Pompeji werden von der UNESCO zum Welterbe ernannt.
2006: Rosa Russo Iervolino, die 2001 erste Bürgermeisterin von Neapel geworden ist, wird mit 57 % in ihrem Amt bestätigt. Mit ihrem Mitte-Links-Bündnis setzt sie den Reformkurs ihres Vorgängers Antonio Bassolino fort und bleibt bis 2011 im Amt.
2008: Neapel und Kampanien versinken im Müll. Regierungschef Prodi schickt die Armee und verspricht Besserung.
2010: Der von Silvio Berlusconi eingesetzte Krisenstab erklärt die Müllkrise für beendet, doch die Probleme sind längst nicht gelöst.
2011: Der ehemalige Staatsanwalt und erklärte Mafiagegner Luigi de Magistris von der liberalen Partei Italia dei Valori wird neuer Bürgermeister.
2013: Sondereinheiten nehmen in Salerno den Camorra-Boss Antonio Mennetta fest.
2015: Papst Franziskus besucht in Neapel u.a. das Brennpunktviertel Scampia, eine Hochburg der Camorra im Norden der Stadt, und predigt gegen das organisierte Verbrechen.

Feiertage und Feste

Feiertage
Neujahr *(Capodanno)*: 1. Jan.
Dreikönigsfest *(Epifania)*: 6. Jan.
Ostern *(Pasqua)*
Fest der Befreiung *(Festa della Liberazione)*: 25. April
Tag der Arbeit *(Festa del Lavoro)*: 1. Mai
Tag der Republik: 2. Juni
Mariä Himmelfahrt *(Ferragosto)*: 15. Aug.
Allerheiligen *(Ognissanti)*: 1. Nov.
Mariä Empfängnis *(Immacolata Concezione)*: 8. Dez.
Weihnachten *(Natale)*: 25. und 26. Dez.
Schulferien sind in ganz Italien von Mitte Juni bis Mitte September.

Feste
Neapel: Fest des Schutzheiligen San Gennaro (1. Mai-Wochenende und 19. Sept.); Fest der Madonna von Piedigrotta (Anf. Sept.).
Procida: Karfreitagsprozession
Capri: Fest des Inselheiligen (14. Mai)
Sorrent: Festa di Sant'Anna (1. So. im Juli)
Amalfi: Fest des Sant'Andrea (27. Juni)
Positano: Mariä Himmelfahrt (15. Aug.)
Ischia: Karfreitagsprozession
Ravello: Fest des San Pantaleone (27. Juli)

Geld

Italien ist Euroland. Bargeld kann man problemlos an Bank-Geldautomaten bekommen. Banken haben in der Regel Mo.–Fr. 8.30–13.30 und 15.00–16.00 Uhr geöffnet. Die Bankkarte wird als Zahlungsmittel praktisch überall akzeptiert. Auch alle gängigen internationalen Kreditkarten können benutzt werden. Für alle Dienstleistungen muss man sich in Italien eine Quittung mit Ausweis der Mehrwertsteuer geben lassen. Diese sollte man zumindest eine Weile aufbewahren, um sie bei Kontrollen der Steuerbehörde vorweisen zu können.

Jugendherbergen

Informationen über Jugendherbergen bekommt man auf www.hihostels.com.

Notruf

Carabinieri 112, **Polizia Stradale** (Verkehrspolizei) 113, **Vigili del Fuoco** (Feuerwehr) 115, **ACI** (Pannenhilfe) 116, **Pronto Soccorso** (Rettung) 118.

Öffnungszeiten

Post: Mo.–Fr. 8.30–14.00, Sa. 8.30–13.00 Uhr.
Banken: Mo.–Fr. 8.30–13.30 Uhr, manche zusätzlich eine Stunde am Nachmittag.
Geschäfte: Mo.–Sa. 9.00–12.30/13.00 und ca. 15.30–19.30 Uhr. Geschäfte im Zentrum von größeren Städten öffnen auch So. und abends,

Zum Weiterlesen

Barbara Schäfer beschreibt in **Limoncello mit Meerblick. Unterwegs an der Amalfiküste und im Cilento** in kurzen Reportagen sehr einfühlsam und kenntnisreich die beiden ungleichen Schwestern Kampaniens: die von Touristen überlaufene Postkartenlandschaft der Amalfiküste sowie das raue Bergland und die noch relativ einsamen Küsten des Cilento. Ein überzeugendes Stimmungsbild des süditalienischen Alltags (Picus). Der Roman **Maria, ihm schmeckt's nicht! Geschichten von meiner italienischen Sippe** von Jan Weiler ist witzig – und trotzdem tiefsinnig. Der Ich-Erzähler heiratet und kommt so zu einer süditalienischen Großfamilie. Das Buch ist voller Situationskomik, räumt mit einigen Vorurteilen auf und bestätigt andere. Nicht ohne Grund ein hochgelobter Bestseller (Ullstein). Marcello D'Orta erzählt in **Am liebsten Neapel** tiefsinnige, lustige und unglaubliche Geschichten und Anekdoten aus seiner Hei-

matstadt, wie es nur ein echter Neapolitaner kann. Er beobachtet seine Mitmenschen scharf, widmet sich liebevoll ihrem Chaos und ihren Sehnsüchten, berichtet von kulinarischen Köstlichkeiten und sonderbaren Wundern (Rotbuch). Barbara Krohns **Die Toten von Santa Lucia** ist ein Krimi mitten in der Sommerhitze von Neapel. Eine Journalistin reist nach Neapel auf der Suche nach ihrer verschwundenen Tochter. Die war nach Neapel aufgebrochen, um ihren Vater zu finden. Daraus entwickelt der psychologische Kriminalroman eine spannende Geschichte (Goldmann). Birgit Schönau entführt in ihrem Buch **Der älteste Nabel der Welt** in die Tiefen der süditalienischen Kapitale, berichtet über den Fußballverein SSC Neapel, das Blutwunder von San Gennaro, Sophia Loren und die Helmpflicht sowie den letzten Camorrista. Kurze Abstecher führen zum ältesten Hotel der Amalfiküste und zu den Hexen von Benevent (Picus).

große Einkaufszentren oft durchgehend Mo. bis Sa. 9.00–22.00 Uhr.
Museen: Di.–So. meist 9.00–17.00 Uhr, Mo. meist geschlossen.
Kirchen: Meist über Mittag geschlossen, und während der Gottesdienste ist keine Besichtigung möglich.

Reisezeit

Wegen der heißen Sommer und feucht-kalten Winter sind Mai und Juni sowie Sept. und Okt. die idealen Reisemonate. Auch im April und Nov. kann es noch schöne Tage geben, nur muss man in dieser Zeit vermehrt mit Niederschlägen rechnen. Juli und Aug. sind die heißesten, teuersten und vollsten Monate, weil dann alle Italiener Urlaub machen. Unterkünfte sind zu dieser Zeit fast immer ausgebucht und deutlich teurer, zudem ist die Hitze nur am Strand oder in den Bergen erträglich.

Schiffsverbindungen

Zu den Inseln: Alle Inseln im Golf von Neapel sind mit regelmäßig verkehrenden Schiffen problemlos zu erreichen. In Neapel gibt es zwei Fährhäfen: Molo Beverello und Molo Mergellina. Weitere wichtige Fährhäfen an der Küste sind Pozzuoli und Sorrent. Man kann in der Regel zwischen den schnellen Aliscafi (Tragflügelboote), die nur Personen mitnehmen, und den Traghetti (Fährschiffe) wählen – als Faustformel gilt, dass die Halbierung der Fahrzeit durch die Aliscafi den doppelten Preis der Traghetti kostet. In der Regel gelangt man von Neapel fast stündlich auf die Inseln. Die Preisunterschiede zwischen der staat-

lichen Caremar und den privaten Gesellschaften sind minimal.
Caremar: Molo Beverello, Tel. 89 21 23, www.caremar.it. **Alilauro:** Via Caracciolo 11, Tel. 081 4 97 22 38, www.alilauro.it. **Linie Marittime Partenopee:** Molo Beverello, Tel. 081 5 80 12 23, www.navlib.it. **NLG:** Molo Beverello, Tel. 081 5 52 07 63, www.navlib.it. **SNAV:** Molo Mergellina, Tel. 081 4 28 55 55, www.snav.it.

Im Frühling zeigt sich Kampanien in seiner schönsten Blütenpracht.

Metro del Mare: Die Einführung der als Teil des öffentlichen Nahverkehrs in den Sommermonaten die cilentanische Küste mit der Amalfi-Küste und Neapel verbindenden Metro del Mare, der „Wasserschnellbahn", war anfangs ein enormer Erfolg. Das Streckennetz wurde immer weiter ausgebaut und umfasste schließlich 21 Häfen im Golf sowie an den Küsten. Eine geniale Idee und sehr bequeme Möglichkeit, den ständig verstopften, kurvigen Straßen zu entfliehen und stattdessen den Blick vom Wasser auf die Küste zu genießen. Doch nach einigen Jahren kam das Unternehmen in Schwierigkeiten, und mittlerweile ist überhaupt nicht klar, ob und in welchem Umfang es mit den Küstenverbindungen weitergeht.

Sicherheit

Neapel hat sicher nicht den besten Ruf, was die Sicherheit angeht. Periodisch wiederkehrende Zeitungsmeldungen von Camorra- Morden erschrecken so manchen Reisenden. Dabei wird man mit großer Wahrscheinlichkeit nie in diese Auseinandersetzungen hineingezogen. Mit Diebstählen – sei es das blitzschnelle Abziehen von Wertsachen, Schmuck oder Kameras, seien es Einbrüche in parkende Autos – muss man aber durchaus rechnen und sollte deshalb schon ein gewisses Maß an Vorsicht walten lassen. Das heißt: Wertgegenstände und das Radio nie im Auto lassen und insgesamt keinen Wohlstand signalisieren, dunkle und einsame Straßen in Neapel zu später Stunde möglichst meiden. Beherzigt man diese Regeln, die für jede Großstadt gelten, wird man auch in Neapel wohl keine größeren Probleme bekommen.

Sport

Wassersport und **Baden** sind im Sommer die beliebtesten Urlaubsaktivitäten. An der Amalfiküste und in Sorrent ist jeder Meter Strand kostbar und kostenpflichtig. Auch sonst zahlt man häufig für den Strandbesuch, dazu kommen dann noch Liege und Sonnenschirm. Gute Tauchreviere sind vor Capri, Baia und im Cilento zu finden. Für **Thermalkuren** fährt man am besten nach Ischia. Wer **reiten**, **wandern** oder **Rad fahren** will, der sollte in den Cilento fahren. Das Bergland bietet ein riesiges, kaum erschlossenes Betätigungsfeld. Auch oberhalb der Amalfiküste kann man herrliche Tageswanderungen mit grandiosen Ausblicken unternehmen.

Stilles Bergland umgibt den Lago del Matese.

Strom

Die Netzspannung beträgt selten 125, meistens 220 Volt Wechselstrom. Es empfiehlt sich deshalb die Mitnahme eines Universalsteckers.

Telefon

Nach Italien telefonieren: 0039 + Vorwahl (beginnend mit 0) + Teilnehmernummer
Nach Deutschland telefonieren: 0049 + Ortskennziffer ohne 0 + Teilnehmernummer

Die **Vorwahlen** sind in Italien fester Bestandteil der Telefonnummer. Deshalb müssen sie auch bei Ortsgesprächen immer mitgewählt werden. Da fast jeder Italiener mindestens ein Handy besitzt, gibt es nur noch relativ wenige Telefonzellen, und die funktionieren nur in seltenen Fällen noch mit Münzen.
Von den meisten Telefonzellen aus kann man mit einer **Telefonkarte** (*Carta Telefonica*) telefonieren. Diese bekommt man in vielen Bars, Tabakgeschäften, Postämtern und auch an Zeitungskiosken.

Zoll

Reisegepäck für den persönlichen Gebrauch unterliegt keinen Beschränkungen, innerhalb der Europäischen Union darf man Waren zum eigenen Verbrauch unbegrenzt mitführen. Folgende Richtmengen gelten in der Regel noch als problemlos für den privaten Gebrauch: 800 Zigaretten, 400 Zigarillos, 200 Zigarren, 1 kg Rauchtabak, 10 Liter Spirituosen, 20 Liter andere alkoholische Getränke bis 22 % Alkoholgehalt, 90 Liter Wein und 110 Liter Bier.

Bella Napoli: Vor der erhabenen Kulisse des 1281 m hohen Vesuv liegt Neapel am gleichnamigen Golf.

Register

Impressum

3. Auflage 2016
© DuMont Reiseverlag, Ostfildern

Verlag: DuMont Reiseverlag, Postfach 3151, 73751 Ostfildern, Tel. 0711/4502-0, Fax 0711/4502-135, www.dumontreise.de
Geschäftsführer: Dr. Thomas Brinkmann, Dr. Stephanie Mair-Huydts
Programmleitung: Birgit Borowski
Redaktion: Robert Fischer (www.vrb-muenchen.de)
Text: Dr. Christian Nowak
Exklusiv-Fotografie: Rainer Kiedrowski
Titelbild: laif/Zahn (Faraglioni: Felsen)
Zusätzliches Bildmaterial: S. 4 l. u. 32 Food Image Source / Peter Harasty / StockFood, 4 r.o. u. 113 l., Franz Marc Frei / LOOK-foto, 8/9 Getty Images/Francesco Riccardo Iacomino, 10/11 Jan Greune / LOOK-foto , 12/13 age fotostock / LOOK-foto, 14/15 Frank Heuer/laif, 18 l. huber-images.de / Dörr C., 19 l.o. Getty Images/Francesco Riccardo Iacomino, 19 r.o. TerraVista / LOOK-foto, 19 l.u. Getty Images/Charles Bowman, 19 r.u. age fotostock / LOOK-foto, 20/21 Getty Images/Luis Cagiao Photography, 24/25 huber-images.de / Lubenow Sabine, 28/29 huber-images.de / Lubenow Sabine, 33 l.u. Sabine Lubenow / LOOK-foto, 33 r.u. Deimling-Ostrinsky, Achim / StockFood, 36 o. huber-images.de / Giocoso Paolo, 37 Peter Rigaud/laif, 40 Getty Images/O. Louis Mazzatent, 46 FoodPhotogr. Eising / StockFood, 47 Kirchherr, Jo / StockFood, 48 Braun, Stefan / StockFood, 49 Peter Rigaud/laif, 51 Getty Images/Alberto Incrocci, 52 l.o. huber-images.de / Morandi Bruno , 53 o. Bildagentur Huber/Bernhart, 53 u. Zanettini/laif, 54/55 huber-images.de / Da Ros Luca, 58 u. huber-images.de / Dörr C., 64 l. huber-images.de / Demma, 64 r. huber-images.de / Scattolin Sebastiano, 65 o. huber-images.de / Ripani Massimo, 65 u. Getty Images/Franz Marc Frei, 69 o. Celentano/laif, 70/71 Frank Heuer/laif, 72 u. IFA/Harris 74 u. Frank Heuer/laif, 82 r.o. STEFANO G. PAVESI/laif, 82 u. STEFANO G. PAVESI/laif, 78 l. huber-images.de / Gräfenhain, 78 r. Christian Nowak, 79 l.u. Christian Nowak, 79 r. Christian Nowak, 84/85 Bildagentur Huber/M. Pignatelli, 93 u. Dario Pignatelli/Polaris/laif, 94 Hollandse Hoogte/laif, 95 Zambardino/Contrasto/laif, 97 l. age fotostock / LOOK-foto , 97 r.o. Getty Images/David Soanes Photography, 99 o./u. Barbara Schäfer, 100/101 Frank Heuer/laif, 111 Frank Heuer/laif, 115 Franz Marc Frei / LOOK-foto, 120 Getty Images/Giuseppe Esposito
Grafische Konzeption, Art Direktion, Layout: fpm factor product münchen
Cover Gestaltung: Neue Gestaltung, Berlin
Kartografie: © MAIRDUMONT GmbH & Co. KG, Ostfildern
Kartografie Lawall (Karten für „Unsere Favoriten")
DuMont Bildarchiv: Marco-Polo-Straße 1, 73760 Ostfildern, Tel. 0711/4502-266, Fax 0711/4502-1006, bildarchiv@mairdumont.com

Für die Richtigkeit der in diesem DuMont Bildatlas angegebenen Daten – Adressen, Öffnungszeiten, Telefonnummern usw. – kann der Verlag keine Garantie übernehmen. Nachdruck, auch auszugsweise, nur mit vorheriger Genehmigung des Verlages. Erscheinungsweise: monatlich.

Anzeigenvermarktung: MAIRDUMONT MEDIA, Tel. 0711/4502333, Fax 0711/45021012, media@mairdumont.com, http://media.mairdumont.com
Vertrieb Zeitschriftenhandel: PARTNER Medienservices GmbH, Postfach 810420, 70521 Stuttgart, Tel. 0711/7252-212, Fax 0711/7252-320
Vertrieb Abonnement: Leserservice DuMont Bildatlas, Zenit Pressevertrieb GmbH, Postfach 810640, 70523 Stuttgart, Tel. 0711/7252-265, Fax 0711/7252-333, dumontreise@zenit-presse.de
Vertrieb Buchhandel und Einzelhefte: MAIRDUMONT GmbH & Co KG, Marco-Polo-Straße 1, 73760 Ostfildern, Tel. 0711/4502-0, Fax 0711/4502-340
Druck und buchbinderische Verarbeitung: NEEF + STUMME premium printing GmbH & Co. KG, Wittingen, Printed in Germany

Lieferbare Ausgaben

Die Kanaren sind vom Klima begünstigt – beste Voraussetzung für herrliche Strandtage.

Hamburgs Herz pocht an Elbe und Alster.

Hamburg

Deutschlands Tor zur Welt
Der Hafen ist das Aushängeschild der Hansestadt, aber Hamburg hat natürlich noch weit mehr zu bieten, wir präsentieren alle Highlights.

Urbane Visionen
Aus alten Hafenvierteln werden trendige Stadtteile. Erleben Sie das „neue" Hamburg.

Shopping hanseatisch
Hamburger Trend-Labels und Traditionshäuser, hier kaufen Sie zwar nicht günstig, aber gut!

Teneriffa
La Palma · La Gomera · El Hierro

Paradiesische Inseln
Sie wissen noch nicht wohin? Wir stellen Ihnen die Westkanaren ausführlich in Bild und Wort vor.

Exklusiv wohnen
Warum sich nicht mal etwas Besonderes gönnen, die besten Adressen auf Teneriffa und den kleinen Kanareninseln.

Wandern mit Aussicht
Unsere Favoriten – die neun erlebnisreichsten Wanderungen auf den Kanaren.

www.dumontreise.de